Innovationen im Fremdsprachenunterricht 1

# KFU
**KOLLOQUIUM FREMDSPRACHENUNTERRICHT**
Herausgegeben von Gerhard Bach, Volker Raddatz,
Michael Wendt und Wolfgang Zydatiß

**BAND 9**

PETER LANG
Frankfurt am Main · Berlin · Bern · Bruxelles · New York · Oxford · Wien

Wilma Melde/Volker Raddatz (Hrsg.)

# Innovationen im Fremdsprachenunterricht
# 1
# Offene Formen und Frühbeginn

PETER LANG
Europäischer Verlag der Wissenschaften

Die Deutsche Bibliothek - CIP-Einheitsaufnahme

Innovationen im Fremdsprachenunterricht / Wilma Melde/Volker Raddatz (Hrsg.). - Frankfurt am Main ; Berlin ; Bern ; Bruxelles ; New York ; Oxford ; Wien : Lang

Teil 1. Offene Formen und Frühbeginn. - 2002
(Kolloquium Fremdsprachenunterricht ; Bd. 9)
ISBN 3-631-39482-9

Herausgeberin und Herausgeber
danken der Humboldt-Universität zu Berlin
für die Übernahme eines Druckkostenanteils.

Gedruckt auf alterungsbeständigem,
säurefreiem Papier.

ISSN 1437-7829
ISBN 3-631-39482-9
© Peter Lang GmbH
Europäischer Verlag der Wissenschaften
Frankfurt am Main 2002
Alle Rechte vorbehalten.

Das Werk einschließlich aller seiner Teile ist urheberrechtlich geschützt. Jede Verwertung außerhalb der engen Grenzen des Urheberrechtsgesetzes ist ohne Zustimmung des Verlages unzulässig und strafbar. Das gilt insbesondere für Vervielfältigungen, Übersetzungen, Mikroverfilmungen und die Einspeicherung und Verarbeitung in elektronischen Systemen.

Printed in Germany 1 2  4 5 6 7

www.peterlang.de

# INHALT

Wilma Melde / Volker Raddatz:
Vorwort der Herausgeber ..... 7

## Offene Formen des Lehrens und Lernens in Theorie und Praxis

Helene Decke-Cornill:
Fremdsprachenunterricht zwischen Geschlossenheit
und Öffnung ..... 13

Sigrid Maruniak:
Was hat offener Unterricht mit der Freinet-Pädagogik
und dem Portfolio zu tun? ..... 23

Marei Wendt:
Öffnung des Französisch-Unterrichts durch Theaterspiel –
Erfahrungen aus der John-F.-Kennedy-Schule ..... 31

Wilma Melde:
Der Jugendroman in der Mittelstufe - interaktive und
prozessorientierte Arbeit mit *Au bonheur des larmes*
von Marie-Aude Murail ..... 37

Catharina Herbst:
Luis Sepúlveda: *Un viejo que leía novelas de amor* -
Die Notwendigkeit landeskundlichen Kontextwissens
für das Verstehen eines lateinamerikanischen Romans ..... 47

Romie Krebs:
Faszination des Andersartigen: Frauen im Spannungsfeld
interkultureller Konflikte, dargestellt am Roman
*Heat and Dust* von Ruth Prawer Jhabvala ..... 55

## Frühbeginn Fremdsprachen: Konzepte und Modelle

Renate Heusinger:
Ergebnisse der wissenschaftlichen Begleitung zum
Projekt „Begegnung mit fremden Sprachen in
Grundschulen des Landes Brandenburg" (BmSB) ..... 63

Gabriele Bergfelder-Boos:
Frühbeginn Französisch in Berlin:
Konzeption und Stand der Entwicklung ..... 75

Maria Baring:
Frühbegegnung Französisch / Englisch
„Spandauer Parallelmodell" ........................................................................... 89

Sigrid Gräfe-Bentzien:
Zur Entwicklung bilingualer Sprachfähigkeiten
am deutsch/italienischen Standort der Staatlichen
Europa-Schule Berlin (SESB) ........................................................................ 95

Gabriele Vogel:
Aber bitte mit Medien ... oder: Medien sind willkommen ............................ 109

Karin Schmidt:
Die Auswirkungen des frühbeginnenden Englischunterrichts
auf die Arbeit in den Klassen 5/6 .................................................................. 119

Anschriften .................................................................................................... 129

# Vorwort der Herausgeber

Der vorliegende Band versammelt zwölf Aufsätze zu zwei Themenbereichen, die als Schwerpunkte auf Veranstaltungen des Fremdsprachendidaktischen Kolloquiums Berlin-Brandenburg an der Humboldt-Universität (November 1999) sowie an der Freien Universität (Dezember 2000) diskutiert wurden. Ungeachtet individueller Akzentsetzungen wird das gemeinsame Anliegen aller Beiträge in der Affinität zu einem schülerorientierten Konzept von Lehren und Lernen deutlich.

Vor dem Hintergrund veränderter Prämissen (paradigmatische Revision des instruktivistischen Unterrichts zu Gunsten des konstruktivistischen Lernens) werden die komplementären Themenkomplexe „Offene Lehr- und Lernformen" sowie „Frühbeginn Fremdsprachen" gleichermaßen theoretisch wie praxisnahe, gleichermaßen flächendeckend wie modellhaft dargestellt und kritisch erörtert. Dabei kommen Autoren und Autorinnen zu Wort, deren Interessenlagen und Erfahrungshorizonte die gesamte Bandbreite fremdsprachendidaktischer Standorte (Hochschule, Schule, Fort- und Weiterbildung, zweite Ausbildungsphase) repräsentieren. Diese glückliche Konstellation ermöglicht einen breit gefächerten Bezugsrahmen, der sprach-, literatur- und kulturdidaktische Aspekte ebenso reflektiert wie die Umsetzung kognitiver, affektiver und prozeduraler Lernziele im Hinblick auf Jahrgang und Schultyp. Der sprachliche Einzugsbereich umfasst in erster Linie Englisch, Französisch, Italienisch, Spanisch und Deutsch als Fremdsprache. Als wesentliche Parameter eines schülerorientierten Lehrens und Lernens werden - neben der grundlegenden Adressatenspezifik - Prozessualität, Ganzheitlichkeit, Authentizität und Handlungsbezug thematisiert. Innerhalb dieses Koordinatensystems liegen die Schwerpunkte der einzelnen Beiträge auf den Sozialformen des interaktiven Lernens, dem Einsatz traditioneller und moderner Medien, dem Umgang mit Perspektiven und Stereotypen im Kontext interkultureller Begegnungen, der didaktischen Relevanz literarischer Gattungen sowie der Geschlechterspezifik. Eine Vielzahl methodologischer Einzelvorschläge macht die Affinität zwischen dem Frühbeginn Fremdsprachen und der Überwindung geschlossener Unterrichtsformen exemplarisch deutlich.

Im Rückgriff auf historische Impulse (Dewey, Freinet, Gaudig, Montessori, Otto, Pestalozzi, Petersen) sowie unter Berücksichtigung aktueller gesellschaftlicher Veränderungen (z.B. neue Schlüsselqualifikationen wie physische und geistige Mobilität; neue Kriterien der Identitätsfindung; neue Sozialtugenden wie Teamfähigkeit) legitimiert **Helene Decke-Cornill** die Revision geschlossener zu Gunsten offener Unterrichtsformen. Die Einsicht, dass Sprache im europäischen Kontext künftig eher als kommunikativer Diskurs (*parole*) und weniger als normatives System (*langue*) gefordert wird, begünstigt ferner das konstruktivistische Verständnis von Lernen als schülerorientierter, gleichermaßen kognitiver wie affektiver Prozess der Selbststeuerung. Um dies zu ermöglichen, wird der herkömmliche Primat des „Stoffes" (etwa: enzyklopädisches Wissen) zu Gunsten einer pluralistischen Methodenkompetenz (etwa:

Materialrecherche oder Evaluation) diskutiert und praxisnah erläutert (etwa: „Vom Klassenzimmer zur interaktiven Lernwerkstatt"). Der Beitrag setzt sich abschließend auch mit problematischen Aspekten eines radikal-subjektiven Konstruktivismus auseinander (etwa: das Spannungsfeld zwischen „Schulwelt" und „Lebenswelt" oder zwischen „Autodidaktik" und „Lernerautonomie").

Die Arbeiten von Célestin Freinet zählen zu den Quellen, aus denen die heutige Diskussion um offene Unterrichtsformen schöpft. In ihrem Beitrag stellt sich **Sigrid Maruniak** die Aufgabe, die historischen Bezüge herauszuarbeiten. Ausgehend vom derzeitigen Stufenmodell eines linear konzipierten Fremdsprachenunterrichts entwickelt sie im Kontrast dazu das Freinet'sche Unterrichtskonzept anhand der zentralen Kategorien „Arbeitsbedürfnis – Arbeitstechniken – Arbeitsstrukturen – Arbeitsdokumente" und zeigt dabei die Merkmale eines offenen Unterrichts auf. Der Beitrag schließt mit einem konkreten Beispiel, dem „livre-de-vie", in dem viele Parallelen zum gegenwärtig diskutierten Portfolio zu finden sind.

Die folgenden vier Aufsätze liefern Beispiele, wie ein handlungsorientierter, kreativer Umgang mit Literatur den Fremdsprachenunterricht öffnet, für die Kulturen der Zielsprachen – Französisch, Spanisch, Englisch – sensibilisiert und Wege zu interkulturellen Begegnungen aufzeigt.

**Marei Wendt**, Französischlehrerin an der John-F.-Kennedy-Schule in Berlin, berichtet über ihre Erfahrungen mit dem Szenischen Spiel und Theaterprojekten in den Jahrgängen 7-13. Die Autorin vermittelt überzeugend, welch ein hohes Potential an Öffnungsmöglichkeiten die Integration des Theaterspiels für den Sprachunterricht in sich birgt. Vom Prinzip her handlungsorientiert stimulieren Theaterprojekte die Aktivität der Schüler und gewähren ein beachtliches Maß an Selbstbestimmung und Beteiligung bei der Auswahl, Inszenierung und Aufführung der Stücke. Das Ziel der Aufführung vor einem Publikum intendiert zugleich eine Öffnung nach außen. Marei Wendt beschreibt, wie sich diese Öffnung konzentrisch erweitern kann, zu neuen Begegnungen in der Schule und in der Stadt führt und ihren Höhepunkt in deutschfranzösischen Theateraufführungen in Frankreich findet.

Im Mittelpunkt des ersten Beitrags steht die Arbeit mit Jugendromanen, die eine frühe Begegnung mit authentischer Literatur und andersartigen Lebensformen im Zielsprachenland ermöglichen. **Wilma Melde** begründet zunächst, weshalb sie den Jugendroman für geeignet hält, Schüler an die französische Sprache heranzuführen und dabei interkulturelles Lernen zu stimulieren. Am Beispiel des Romans „Au bonheur des larmes" von Marie-Aude Murail legt sie dar, wie die spezifischen Merkmale dieser Textsorte für die Planung und Organisation des Lesens als interaktivem Prozess in einer 10. Klasse genutzt werden und welche Verfahren den gemeinsamen Sinnkonstitutionprozess unterstützen und vertiefen. Die spezifische Leser-Text-Beziehung, die der Jugendroman herstellt, indem er zur Auseinandersetzung mit der Situation des Protagonisten und zur Identifikation auffordert, kann zu kreativer Textarbeit und zum Einüben von Lesestrategien wie Inferieren, Elaborieren und Hypothesenbilden genutzt werden. Lesebegleitende Aufgaben, die zum Perspektivenwechsel und zur Perspektivenübernahme anleiten, geben dabei die Möglichkeit, interkulturelles Lernen zu initiieren.

Frankreich als Nachbarland ist unseren Schülern relativ vertraut. Das Amazonasgebiet und Ecuador hingegen präsentieren sich als ferne exotische Welt, die vielleicht gerade deswegen so reizvoll erscheint, an das interkulturelle Lernen aber sehr hohe Anforderungen stellt. Aufgrund ihrer Erzählstruktur eignen sich lateinamerikanische Romane besonders, den Schülern Zugänge zu fremden Kulturen zu öffnen und die Literaturarbeit mit der Vermittlung landeskundlichen und kulturellen Wissens zu verbinden. Wie dieses Ziel praktisch realisiert werden kann, zeigt **Catharina Herbst** am Beispiel eines Unterrichtsentwurfs für die Arbeit mit dem Roman „Un viejo que leía novelas de amor". Landeskundliches Kontextwissen, das für das Verstehen des Textes unabdingbar ist, soll durch projektorientierte Arbeit erworben werden und die Lektüre des Romans vorbereiten. Lektürebegleitende Aufgaben lenken die Aufmerksamkeit auf die kulturspezifischen Inhalte des Romans; die interkulturelle Sensibilisierung richtet sich auf Einstellungen und Verhalten der indigenen Bevölkerung, ihr Verständnis von Naturerscheinungen, auf Lebensformen im Urwald, auf die Wahrnehmung der Bedrohung dieser fremden Welt durch die jüngsten Entwicklungen.

Der Beitrag von **Romie Krebs** untersucht die fremdsprachendidaktische Relevanz des Romans *Heat and Dust* von Ruth Prawer Jhabvala für die Sekundarstufe II. Dabei erweist sich die Story, welche generationsübergreifend die Problematik interkultureller Beziehungen am Beispiel zweier Engländerinnen in Indien behandelt, pädagogisch wie literaturdidaktisch als ergiebig. Denn der Lernprozess verspricht, kognitiv, einen längst überfälligen Wissens- und Reflexionszuwachs auf dem Gebiet der *New English Literatures* im Kontext des ehemaligen britischen Weltreichs und, affektiv, ein erhöhtes Bewusstsein für Fremdes in der Begegnung mit ethnozentrischen Stereotypen und deren empathische Revision durch interkulturellen Perspektivenwechsel. So wird aus dem „Mythos" Indien mit seinem breiten Spektrum an - fremdbestimmter - Exotik ein mühsamer Prozess der Suche nach eigener und fremder Identität. Dies gilt in seiner offenen Prozessualität sowohl für die Protagonisten des Romans als auch für die Schüler und Schülerinnen, denen die Lektüre eine Fülle von Identifikationsanlässen geschlechterspezifischer, kultureller und gesellschaftlicher Art bietet. Methodologisch gesehen legt der Appellcharakter der Handlung die Artikulation individueller Stellungnahmen nahe, welche höchst unterschiedliche Muster einer (weiblichen) Lebensplanung beschreiben könnten (*„If I had been Olivia ..."*).

Im Rahmen des Schwerpunkts Frühbeginn Fremdsprachen analysiert **Renate Heusinger** die Ergebnisse der wissenschaftlichen Begleitung zum Projekt „Begegnung mit fremden Sprachen in Grundschulen des Landes Brandenburg". In die Erprobung, die auf einen ministeriellen Erlass von 1993 zurückgeht, waren drei Schulen mit der Begegnungssprache Englisch und je zwei Schulen mit Russisch, Französisch und Polnisch einbezogen. Zum Selbstverständnis des Konzepts gehörten insbesondere die Adressatenspezifik (die Orientierung am Erfahrungs- und Erlebnishorizont der Kinder), die zentrale Rolle des Spiels im Methodenspektrum, der Verzicht auf Noten sowie der Primat des mündlichen Sprachgebrauchs. Die wissenschaftliche Begleitung, deren wichtigste Aufgabe der Entwurf eines fremdsprachendidaktischen Begegnungsmodells am Ende der vierjährigen Erprobungszeit war, befasste sich besonders intensiv mit den Auswirkungen des Projekts auf die Klassen 5 und 6 sowie mit der Rekrutierung qualifizierter Lehrkräfte. Zu den wichtigsten Ergebnissen der Erprobung gehört, neben dem sprachlich-kommunikativen Gewinn, die fächerübergreifende Sensibilisierung der Schulgemeinschaft für fremde Kulturen.

Der folgende Beitrag informiert über Konzeption und Entwicklung des Fremdsprachenfrühbeginns im Land Berlin. Der erfolgreiche Protest gegen die Beschränkung auf die englische Sprache führte dazu, dass die Offenheit der Wahl der Fremdsprache erhalten blieb und dem Konzept der Mehrsprachigkeit eine Chance gegeben wurde. **Gabriele Bergfelder-Boos**, mit der Konzeptentwicklung und projektbegleitenden Fortbildung für das Fach Französisch am LISUM beauftragt, setzt sich kritisch mit den Rahmenbedingungen auseinander. Anschließend stellt sie Ziele und Inhalte, die intendierte Lernprogression, sowie die Gestaltungsprinzipien des Berliner Konzeptes vor, das in der Auseinandersetzung mit dem lehrgangsorientierten und dem Begegnungssprachenkonzept entwickelt wurde. Das Berliner Konzept strebt ein erlebnis- und ergebnisorientiertes Sprachenlernen an, es stellt die Lernfähigkeit und den Kompetenzerwerb der Schüler in den Mittelpunkt, berücksichtigt aber zugleich die besondere Dynamik und die Schwerpunkte grundschulgemäßen Lernens.

Dem Engagement der betroffenen Lehrerinnen ist zu verdanken, dass in Berlin ein „Parallelmodell" erprobt werden konnte. Dieses sieht die Frühbegegnung mit zwei Fremdsprachen, Englisch und Französisch vor und will somit eine Offenheit für beide Sprachen entwickeln. **Maria Baring**, Schulleiterin und Französischlehrerin an der Grundschule am Windmühlenberg in Berlin-Spandau, stellt das an ihrer Schule entstandene Modell vor und berichtet über die ersten Erfahrungen ihres Kollegenteams. Dem im europäischen Kontext angestrebten Ziel, Sensibilisierung für Mehrsprachigkeit, scheint man hier ein Stück näher gekommen zu sein.

Das Verhältnis von theoretischem Anspruch und praktischer Umsetzung beschäftigt **Sigrid Gräfe-Bentzien** in ihrem Beitrag zur Entwicklung bilingualer Sprachfähigkeiten am deutsch/italienischen Standort der Staatlichen Europa-Schule Berlin. Nach einem gleichermaßen chronologischen wie strukturellen Überblick, welcher den Zeitraum von 1992 bis 2004 in den Blick nimmt (Verlängerung des Schulversuchs mit dem Ziel einer integrierten Erziehung zweisprachiger Lerngruppen), wird das ebenso (mehr-) sprachliche wie (multi-) kulturelle Selbstverständnis der Europa-Schulen als Schlüsselqualifikation für ein empathisches Zusammenleben auf engstem Raum dargestellt. Bei einer insgesamt positiven Zwischenbilanz betreffen die kritischen Anmerkungen zu Theorie und Praxis u.a. die Unterschiede zwischen deutschen und nichtdeutschen Lehrkräften im Hinblick auf ihre zweitsprachlichen Kompetenzen, aber auch ihre didaktisch-methodischen Qualifikationen.

Der Beitrag von **Gabriele Vogel** versteht sich als Plädoyer für den Medieneinsatz im Fremdsprachenunterricht und konzentriert sich in der Beschreibung praktischer Beispiele auf den Frühbeginns- und Anfangsunterricht. Angesichts der verfügbaren Medienvielfalt wird die Notwendigkeit deutlich, jenseits einer typologischen Zusammenstellung die Funktion traditioneller und moderner Medien (vom Lehrbuch über die Tonkassette bis zum Internet) unter dem Primat didaktisch-methodischer Fragestellungen schülergemäß, jahrgangsspezifisch und lernzielorientiert zu reflektieren. Dabei wird der unterschiedliche Nutzen des Medieneinsatzes deutlich, welcher in der Verbesserung der Motivation, der Schaffung von Sprechanlässen, der erhöhten Authentizität des Materials, der Ganzheitlichkeit des Lernprozesses oder in der Aufforderung zum praktischen Handeln bestehen kann.

Auch der letzte Beitrag, welcher die Auswirkungen des frühbeginnenden Englischlernens auf die Arbeit in den Klassen 5/6 an zahlreichen Beispielen untersucht, behält die Spezifika des herkömmlichen Anfangsunterrichts (und damit die Kontinuität zur Sekundarstufe I) im Blick. So dokumentiert **Karin Schmidt** das verbreitete Unbehagen über rein kognitive „Erfolgsbilanzen" (z.B. über enzyklopädische Stoffhuberei) und problematisiert die schwierige Gratwanderung zwischen systematischen Lehrgangselementen (etwa dem grammatisch-lexikalischen Anteil thematisch strukturierter „Units") und affektiven Lernprozessen (etwa dem Lernen mit allen Sinnen, dem Erfolgserlebnis ohne Leistungs- und Notendruck oder dem Abbau der Hemmschwelle beim freien Sprechen). Insgesamt wirkt der Frühbeginn für die Klassen 5/6 als vielgestaltiger Motivationsschub, der weit über das Englische hinaus die Bereitschaft zum Erlernen anderer Fremdsprachen begünstigt.

Wilma Melde                                                                                           Volker Raddatz

# Fremdsprachenunterricht zwischen Geschlossenheit und Öffnung

*Helene Decke-Cornill*

## 1. Einleitung

Unter der Überschrift „Öffnung des Unterrichts" ist seit einer ganzen Reihe von Jahren eine Bewegung im Aufbruch, die alte Gewissheiten von Schule und Unterricht in Frage stellt und Grenzüberschreitungen willkommen heißt. Ihre Unschärfe schlägt sich in der undogmatischen Offenheit des Begriffs selbst nieder. „'Offener Unterricht'", schreibt Christel Wopp (1991: 322), „ist kein Unterrichtskonzept im üblichen Sinne, sondern ein dynamischer und vernetzter Prozess der Entfaltung einer neuen Unterrichtskultur im Schulalltag". Und für Wulf Wallrabenstein, einen beharrlichen Verfechter Offenen Grundschulunterrichts, stehen dahinter „unterschiedliche Reformansätze (...) mit dem Ziel eines veränderten Umgangs mit dem Kind auf der Grundlage eines veränderten Lernbegriffs" (1991: 54). Zu dem Spektrum gehören - einmal mehr, einmal weniger eindeutig - Ansätze wie „Autonomes Lernen", „Kreativität", „Freiarbeit", „Lernen in Projekten", „Schüler/innen/zentrierung", „Stationenlernen", „Handlungsorientierung", „Lernen lernen", „Lernen lassen", „Lernen durch Lehren", „Ganzheitlichkeit", „außerschulische Lernorte" u.ä. Gemeinsam ist ihnen das Unbehagen an den Spaltungen, die sich zwischen der komplexen und undurchschaubaren Lebenswelt und einer durchstrukturierten, kargen, unwirklich-paradoxen Unterrichtswelt auftun, die die Menschen im Schulbetrieb zu allseitig reduzierten Persönlichkeiten verkommen lässt.

Die Öffnungsbewegung beruft sich u.a. auf Pestalozzis Diktum vom „Lernen mit Kopf, Herz und Hand", fühlt sich im Übrigen aber vor allem der Reformpädagogik verbunden: Hugo Gaudig, Berthold Otto, Célestin Freinet, Maria Montessori, Peter Petersen, John Dewey u.a. Der Rückgriff auf solche historischen Impulse geschieht fast nie in Form linientreuer Adaption pädagogischer Entwürfe. Es geht vielmehr darum, sich in einer pädagogischen Protest- und Reformtradition zu verankern, sich von dieser Tradition inspirieren zu lassen und sich zur Not dabei „jeweils ‚die Rosinen herauszupicken' und daraus einen zeitgemäßen und auf die jeweilige Lerngruppe zugeschnittenen Unterricht zu entwickeln." (Wopp 1991: 323).

## 2. Geschlossenheiten

Wo Offenheit gefordert wird, wird Geschlossenheit vorausgesetzt. Es ist ein wichtiges Verdienst der Öffnungsbewegung, erneut und immer wieder das Augenmerk auf die Geschlossenheiten unseres Schul- und Unterrichtswesens zu lenken. Diese Geschlossenheiten sind meist Ergebnis historischer Entwicklungen, die die Schule heute überformen. Die schulische Realität ist, so Heinz-Elmar Tenorth (1994: 438), „historisch und gesellschaftlich kontingent, d.h. letztlich zufällig, weder den pädagogischen Idealen und Prinzipien gemäß noch den politischen Erwartungen entsprechend." Beispiele dafür sind eine Reihe von organisatorisch-administrativen Momenten des Schulbetriebs, die als Selbstverständlichkeiten daherkommen: die altershomogene Jahrgangsklasse, der Fächerkanon und überhaupt die additive Fächerstruktur, der 45-Minuten-Takt, die Lernjahreregelungen, die Ferienzeiten, die Stundenpläne. Ihnen fehlt die pädagogische Fundierung ebenso wie die rationale oder auch nur politische Legitimation - zumindest ist die Basis solcher Regelungen heute nicht mehr erkennbar. Sie sind willkürlich und damit keineswegs alternativlos.

Auch die Großgliederung des Schulwesens gehört zu den geronnenen historischen Tatbeständen: die mal vier-, mal sechsjährige gemeinsame Grundschule; das derzeit noch dreigliedrige Sekundarschulsystem, daneben die Gesamtschule; die Trennung von allgemeiner und beruflicher Bildung; die Eingangs-, Übergangs- und Ausgangsregelungen. Anders als in den oben genannten Momenten sind in dieser Großgliederung gesellschaftlicher Hierarchisierungswille und politische Absicht allerdings noch erkennbar aufbewahrt und lebendig.

Zu den Geschlossenheiten gehört natürlich auch die Unterrichtskultur, und ihre Routinen sind es vor allem, an denen sich die Öffnungsbewegung abarbeitet. Dazu zählt die Vorliebe für Unterrichtssteuerung durch die Lehrerinnen und Lehrer, das frontale Klassenraumarrangement, der instruktivistische, belehrende Grundmodus. Dazu zählt das konsolidierte Interaktionsparadigma Lehrer/innen-Impuls - Schüler/innen-Reaktion - Lehrer/innen-Evaluation, ein Paradigma, das dafür sorgt, dass Neugier und Fragehaltung kaum eine Überlebenschance haben und am Ende nur noch die Lehrerinnen und Lehrer die Fragen stellen. Dazu zählt weiterhin die Orientierung an Lehrwerken mit ihrem „armseligen Anachronismus (der) Lehrbuchfamilien" (Rampillon, Reisener 1997: 4) und ihrer linearen Progression des Lernens. Dazu zählen die besondere Wertschätzung intellektuell-reproduktiver Leistungen und der Primat des *sprachlichen* Handelns gegenüber anderen Ausdrucks- und Handlungsformen; beide sind im Bild der *talking heads*, der sprechenden, körperlosen Köpfe veranschaulicht, einem Bild, das insofern ein Euphemismus ist, als in vielen Schulklassen die *silent heads*, die schweigenden Köpfe, eindeutig überwiegen. Weiterhin zählen dazu die „Anbetung des Stoffes" (so schon Lewalter 1929: 18), die zur „'inneren Kolonialisierung' der kindlichen Lebenserfahrung durch den vorgegebenen, an den Erfahrungen der Erwachsenen ausgerichteten Inhaltskanon" (Meyer 1998: 51) führt, und die Kehrseite der Stoffdominanz: das Schattendasein des Methodenerwerbs. Schließlich zählen dazu die Gegenwartsferne und Erfahrungsarmut schulischen Lernens, die Distanz zur gelebten Gegenwart, die Geringschätzung des Hier und Jetzt. Viele dieser Momente waren schon der Reformbewegung ein Dorn im Auge. Es sind also *the usual suspects* - sattsam bekannt, viel geschmäht, aber zählebig.

## 3. Öffnungsbestrebungen

„Es muss ein neuer Geist auch in die Schule einziehen. Nur können wir da keine Forderungen aufstellen. Der Geist lässt sich nicht in Formeln fassen. Wir können nur eins tun: den Raum so weit bauen, dass der Geist sich darin auswirken kann" (Köster 1919 zitiert in *Die Grundschulzeitschrift*, Sonderheft 1989: 10): Mit solchen und ähnlichen Worten wurde unmittelbar nach dem Ersten Weltkrieg für Öffnung geworben, aber Schule hat sich - alles in allem - als ziemlich reformresistent erwiesen. Heute soll wieder „ein Ruck" durch das Bildungswesen gehen, Hartmut von Hentig verlangt, „Schule neu (zu) denken", und die Denkschrift der Bildungskommission Nordrhein-Westfalen entwickelt Perspektiven für eine Umgestaltung der Schule in ein „Haus des Lernens", das sich nach innen und außen öffnet.

Offener Unterricht ist aber nicht nur eine Zukunftsvision, sondern vielerorts längst gelebte Praxis - nicht nur in der Grundschule. Auch im fremdsprachendidaktischen Bereich gibt es eine allmählich steigende Zahl von ermutigenden Berichten aus der Praxis, etwa das Forschungsprojekt *Tea*, das Brigitte Vater (1991) mit Schülerinnen und Schülern einer Hauptschule durchgeführt hat oder das *Transatlantische Klassenzimmer* (Donath, Volkmer 1997) oder die vier Lernwerkstattbeispiele, von denen Michael Legutke (1999) berichtet. Auch Anregungen aus den Nachbarländern finden Interesse, z.B. Jörg Eschenauers (1999) bilinguale Geschichtsklasse in Frankreich, die in deutscher Sprache eine historische Wochenzeitschrift, die *Zeit-Lupe*, herausgibt. Oder Leni Dams (1995) Arbeit mit einer dänischen Schulklasse, aus der Ralf Weskamp (1996: 248) die folgende Szene beschreibt:

> (D)ie 14-jährigen Schülerinnen und Schüler sitzen zum Teil in Gruppen, zum Teil alleine an ihren Arbeitstischen. Im Klassenraum herrscht rege Beschäftigung. Malene, Anders, Jesper und Klaus wollen sich Gedanken über Menschenrechte machen. Der Lehrerin haben sie einen Kontrakt vorgelegt, in dem sie ihre Vorgehensweise festgeschrieben haben: es soll in zwei kleineren Gruppen gearbeitet werden mit dem gemeinsamen Ziel, ein Buch über Menschenrechte, Rechte von Tieren, *amnesty international* und Flüchtlinge zu verfassen. Sie wollen sich Materialien von *amnesty international* beschaffen und internationale und dänische Bücher lesen, sie wollen neue Wörter lernen, übersetzen und ihre Kenntnisse über Menschenrechte erweitern. Als Zeitrahmen haben sie sich einen Monat gesetzt.

Solche Berichte zeigen: Es geht.

Ich möchte im Folgenden auf zwei Begründungszusammenhänge für Öffnung von Unterricht eingehen. Zunächst suche ich nach gesellschaftlichen Anlässen für diese Bestrebungen, dann wende ich mich einer wissenstheoretischen Fundierung zu und nehme schließlich zur Ambivalenz von Offenem Unterricht Stellung.

## 4. Veränderte gesellschaftliche Bedingungen des Heranwachsens

„Wer eine Pädagogik, ob privat in der Familie oder öffentlich in Schulen und Bildungseinrichtungen, ohne die Reflexion (politischer und ökonomischer) Fragen betreiben wollte, täte etwa das Gleiche wie ein Baumeister, der ein Hochhaus errichtete, ohne die Festigkeit des Baugrunds zu prüfen", so beginnt Kurt Czerwenka (1993: 4) seine Überlegungen zum Zusammenhang „Veränderte Gesellschaft - veränderte Schüler". Worin hat sich der gesellschaftliche Baugrund verändert? Welches sind die veränderten Bedingungen des Heranwachsens heutiger Schülerinnen und Schüler? Weitgehender Konsens besteht über die folgenden Verlagerungen:

- Die Möglichkeiten von Primärerfahrungen sind in der Lebensumwelt der Heranwachsenden zugunsten entsinnlichter und entkonkretisierter Sekundärerfahrungen durch insbesondere visuelle Medien zurückgegangen.

- Die außerschulische Selbstverantwortung der Kinder und Jugendlichen ist deutlich gestiegen und steht in Widerspruch zu ihrer Infantilisierung im fremdbestimmten Unterrichtsgeschehen.

- Derzeit vollzieht sich ein „grundlegende(r) Strukturwandel der modernen Jugendphase" mit „einer folgenreichen Entchronologisierung und Individualisierung des Lebenslaufes"; „(d)ie ehemals trennscharfen Differenzen der einzelnen Lebensphasen (Kindheit, Jugend, Erwachsenenalter) verblassen, und stattdessen kommt es zu einer Entstrukturierung der klassischen Statusübergänge" (Brinkhoff zitiert in Czerwenka 1993: 9); die Aufgabe der Identitätsentwicklung wird zunehmend aus der gesellschaftlichen Verantwortung in die Verantwortung der Einzelnen verlagert.

- Sprachliche, kulturelle und religiöse Pluralisierungen nehmen in unserer Gesellschaft zu; sie wird komplexer.

- Wirtschaft und Politik verlangen Mobilität, Wendigkeit und Schlüsselqualifikationen, versprechen aber nichts.

Gegenüber diesen gesellschaftlichen Verwerfungen ist Schule im Kern unverändert geblieben. Das hat ihren Abstand zu den Heranwachsenden vergrößert. Der Stellenwert von Schule als Ort von Gespräch und Bildung, aber auch als Ort der Befähigung zur Berufsorientierung und als Zuweisungsinstanz ist gesunken. Czerwenkas Untersuchung von Schülerurteilen über Schule bilanziert:

> (D)ie Schule kann zu wenig deutlich machen, worin ihre spezifische Funktion besteht und was ihre originäre Leistung darstellt. Das Abitur und erst recht die unteren Bildungsabschlüsse werden zunehmend durch Hochschulzugangsberechtigungen (NC) und durch Formalisierung der Anforderungen in den Berufseinstieg ergänzt und somit abgewertet. (...) Von einem allgemeinen Bildungsbegriff im Sinne einer höheren Lebensqualität oder einer besseren Urteilsfähigkeit nach einem Schulabschluss, also einer qualitativ-personalen Gratifikation, haben wir uns weit entfernt. (1993: 8)

In einer komplexer, heterogener, abstrakter und undurchschaubarer werdenden Umgebung, in der unmittelbare, sinnliche Erfahrungsmöglichkeiten gegenüber virtuellen, sekundären, figurierten in den Hintergrund rücken; in der Wissen gleichzeitig explosionsartig zunimmt und rasch verfällt; in der das Lokale vom Globalen getränkt ist; in der langfristige Orientierungsangebote und Leitthemen schwinden und Vereinzelungsprozesse fortschreiten, verliert eine abgedichtete Schule, wie sie oben beschrieben wurde, ihre Bedeutung und letztlich ihre Daseinsberechtigung.

Einen Ausweg aus diesem Dilemma verspricht die Übergabe der Verantwortung für das Lernen an die Schülerinnen und Schüler selbst und der Rückzug der Lehrenden aus dem Feld der Belehrung. „Liegt in der Öffnung nicht auch eine Chance für uns Lehrerinnen und Lehrer?" fragen Daniela Caspari und Claudia Finkbeiner (1998: 251) in einer Dialoginszenierung im Themenheft *Formen der Öffnung* der Zeitschrift *Fremdsprachenunterricht*. „Wir müssen nicht mehr Alleskönner, Belehrende oder immer nur Lehrende sein, sondern wir haben die Chance, als Lernberater, *care taker*, Tutor und Helfer zu wirken". Ralf Weskamp fordert in diesem Sinn, dass:

- Schülern die inhaltliche Planung von Unterricht ganz oder teilweise überlassen wird,

- methodische Entscheidungen im Lehrer-Schüler-Gespräch gefunden oder von den Schülern sogar selbst getroffen werden,

- Sprache als lebendiger, zusammenhängender Diskurs zwischen Schülern, also nicht als System aus einzelnen, trainierbaren lexikogrammatischen Formen gesehen wird, und

- Lernen methodenorientiert erfolgt, d.h. dass Schüler im unstrukturierten Umgang mit Originalmaterialien in die Lage versetzt werden, eigene Lernprozesse zu planen, durchzuführen und zu evaluieren. (1996: 349)

Es trifft sich vielleicht nicht zufällig, dass heute eine seit den 60er / 70er Jahren entwickelte erkenntnistheoretische Richtung in der Fremdsprachendidaktik Konjunktur hat, die geeignet ist, diese Veränderung der Konstellation des Lehrens und Lernens und den damit verbundenen Rettungsversuch von Schule zu fundieren: der Konstruktivismus. Er bietet eine lernzentrierte Alternative zum lehrzentrierten Instruktivismus. Mit der Formel „Konstruktivismus statt Instruktivismus!" wird der Versuch gemacht, die Autonomisierung der Lernenden ihren Lerninhalten und -prozessen gegenüber kognitionstheoretisch abzusichern. Ich greife den Konstruktivismus stellvertretend für eine Gruppe von Theorien (Schematheorie, Kreativitätstheorie, Kognitionstheorie u.ä.) heraus, die das heftig gestiegene Interesse an den mentalen Aktivitäten der lernenden Individuen zeigen, das für die zeitgenössische Allgemeine und Fachdidaktik kennzeichnend ist.

## 5. „Konstruktivismus statt Instruktivismus!"

Der Konstruktivismus ist ein Denkmodell in der Tradition des Skeptizismus und geht von der prinzipiellen Unerkennbarkeit einer objektiven Wirklichkeit aus. Eine Welt außerhalb und unabhängig von menschlicher Erfahrung wird bestritten. Wichtiger Bezugspunkt ist Jean Piagets Wahrnehmungskonzept und seine Auffassung, dass wir in Auseinandersetzung mit der Wirklichkeit Handlungs- und Vorstellungsmuster (Schemata) entwickeln, indem wir eine Situation wahrnehmen, darauf motorisch oder mental reagieren (*Assoziation*) und versuchen, die Komplexität der Ausgangssituation zu reduzieren und mit unseren Handlungs- und Vorstellungsmustern in Übereinstimmung zu bringen (*Assimilation*). Misslingt diese Assimilation, dann modifizieren wir die Muster (*Akkommodation*). Das läuft bei allen Menschen unterschiedlich ab, weil die Denk- und Handlungsmuster individuell aufgebaut werden und in je anderen Umgebungen mit je anderen Schemata vereinbart werden müssen. Bei der Verarbeitung von Umweltimpulsen geht es also nicht um Erkenntnis oder Wahrheit, sondern einzig und allein um ein ausgeglichenes, widerspruchsfreies inneres Vorstellungssystem, das zur Selbsterhaltung taugt. Michael Wendt spricht von „interner Stimmigkeit und externer Funktionstüchtigkeit" (2000: 163).

> Während Teile unseres Gehirns - ähnlich wie im Traum - damit beschäftigt sind, hypothetische mentale ('virtuelle') Wirklichkeiten zu erzeugen, überprüfen andere Gehirnzentren mit Hilfe unserer Sinnesorgane, ob diese mentalen Wirklichkeiten in der Realität Bestand haben können, 'viabel' sind. Wenn ja, werden sie sich verfestigen - wir haben dann den Eindruck, die Realität erkannt, die Wahrheit gefunden zu haben - aber eben nur, weil es keinen Grund gibt, unsere Vorstellungen zu ändern, weil sie nicht irritiert werden. Gehen die Viabilitätsprüfungen jedoch negativ aus, konstruiert unser Gehirn neue Wirklichkeiten. (2000: 164f)

Der Begriff der Tauglichkeit, der Funktionsangemessenheit (Viabilität) tritt damit an die Stelle von Wirklichkeit, Wahrheit, Erkenntnis.

Das lässt sich beispielhaft an dem Vorstellungsmuster illustrieren, Hunde seien treu. Die Wahrscheinlichkeit, dass Hunde ein Schema Treue entwickeln, das mit dem ihrer Besitzerinnen und Besitzer übereinstimmt, ist gering, und sicher trägt zu der Viabilität der Treuevorstellung bei, dass Hunde kaum widersprechen können und versorgungsabhängig sind. Aber für beide Seiten ist die Konstruktion offenbar viabel.

Nun werden Menschen immer in einen Kontext hineingeboren, der bereits gestaltet ist. Diese Vorfindlichkeit ist als Konglomerat aus „geronnenen Handlungen" (Ulrich Schmitz in Schüle 2000: 88), aus wiederholten, verfestigten, eingespielten Handlungsmustern vorstellbar. Sozialisation findet also immer in einer Umgebung statt, die die Erfahrungsspielräume der Einzelnen bereits kanalisiert. Menschen koordinieren sich darin durch gemeinsames Verhalten. Dabei spielt Sprache eine herausragende Rolle. Mit ihrer Hilfe konstruieren wir nämlich „konsensuelle Bereiche", Bereiche der Übereinstimmung und Verständigung (nicht des Verstehens!). Vor allem dann natürlich, wenn wir in ähnlichen Gesellschaftszusammenhängen aufwachsen, in ihnen lernen, uns zu orientieren und Vorstellungswelten aufzubauen, die kompatibel mit denen der anderen sind. Alle konstruieren dabei zwar individuelle, vielleicht sogar widersprüchliche Vorstellungsmuster, aber die Spielräume für solche Konstruktionen sind durch die vorgefundenen Strukturen eingeschränkt, und das erleichtert die Aushandlung konsensueller Bereiche.

Konsensuelle Bereiche machen die Gesellschaft also funktionsfähig, sie bergen aber auch die Gefahr des Erstarrens, und das ist auf lange Sicht folgenschwer. Menschen sind nämlich zwar in der Lage, ihre internen Strukturen zu modifizieren und unter veränderten Bedingungen stimmig zu machen. Damit sie das tun, muss aber die Ausgewogenheit zwischen einwirkenden Impulsen und internen Strukturen immer wieder gestört werden, der Ausgleich zwischen „interner Stimmigkeit und externer Funktionstüchtigkeit", von dem oben die Rede war, muss in Frage gestellt sein. Nur solche Störungen, im Jargon des Konstruktivismus *Perturbationen* genannt, zwingen zur Veränderung von Denk- und Handlungsmustern und erhalten damit die geistige Plastizität und Flexibilität. Wer nur wenig und selten Perturbationen ausgesetzt ist, entwickelt einfache, starre mentale und motorische Schemata und erwirbt keine Problemlösestrategien für die Konfrontation mit Komplexität und Heterogenität.

Was hat das alles mit Schule, Unterricht und Fremdsprachenunterricht zu tun? Konstruktivistischen Annahmen zufolge können menschliche Vorstellungswelten zwar *perturbiert* werden, nicht aber *determiniert*. Fremdsprachenunterricht baut aber auf *Determination* auf, auf der Annahme, Sprachlehren verursache Sprachlernen. Lehrinhalt und Lerninhalt werden gleichgesetzt, *input = intake*. Aus konstruktivistischer Sicht ist das ein Kurzschluss, zu dessen Behebung Dieter Wolff (1997) u.a. folgende Forderungen aufstellt:

- Unterrichtsinhalte sollen nicht komplexitätsreduziert dargeboten werden, auch nicht in zielgerichtetem Fortschreiten vom Einfachen zum Komplexen. Die didaktische Reduktion ist ein Irrweg, der nur zu 'trägem Wissen' führt.

- Lebensnähe dient dem Erhalt des Selbstorganisationsbedürfnisses, das die Lernenden aktiviert.

- Individuelle Wissenskonstruktionsprozesse sollten ebenso bewusst gemacht werden wie Methoden und Arbeitstechniken.

- Das Klassenzimmer soll sich zur Lernwerkstatt wandeln, in der vor allem in Gruppen gearbeitet wird, denn Interaktion schult im Prozess des Verhandelns die Entwicklung von konsensuellen Bereichen.

- Persönliche Tagebücher und Portfolios zu führen, steigert die Einsicht in die Prozesshaftigkeit des Lernens und die Herausbildung von Lernstrategien.

- Die Fremdsprache ist die einzige Sprache im Fremdsprachenunterricht; auch in dieser Hinsicht sollte die Komplexität des Fremden nicht reduziert werden.

- In regelmäßigen Abständen finden Evaluationen statt.

- Lehrwerke sind wie andere Medien zuzulassen, aber nicht als Unterrichtsprozesse steuerndes Leitmedium.

Berücksichtigt werden muss darüber hinaus - das betont z.B. Bleyhl (2000) -, dass „Sprachphänomene, die für den Lerner neu sind, einer 'Inkubationszeit' (bedürfen) (...), einer 'Reifungszeit' (...). Sie müssen abgeglichen werden mit dem bisherigen Wissen, müssen als (arbiträre) Symbole in ihrem Beziehungscharakter eingepasst werden ins betreffende sprachliche System, müssen auf ihr morphologisches Verhalten, auf ihre pragmatische Verwendung erkundet werden u.a.m."

Solche konstruktivistischen Annahmen eignen sich durchaus zur Begründung für die Öffnung von Unterricht. Dennoch möchte ich mit einem kritisch relativierenden Ausblick schließen. Dabei kritisiere ich nicht den Konstruktivismus selbst. Trotz seiner eklatanten Selbstwidersprüche scheint er mir ein interessantes Denkmodell, das mit den Befunden der *Interlanguage*-Forschung vereinbar ist, die Öffnung und Autonomisierung des fremdsprachlichen Lernens stützt und dafür als Argumentationshilfe dienen kann. Meine kritischen Anmerkungen gelten eher dem, was das Modell - wie andere aktuelle subjektfokussierte Theorien - weitgehend ausspart: dem Verhältnis zwischen autonomem Subjekt und Gesellschaft. Der Horizont des Konstruktivismus ist individuumbezogen und erschöpft sich vielfach darin, die Position des lernenden Subjekts zu stärken. Das ist wichtig und gut und dringend erforderlich, aber reicht es?

## 6. Kritische Anmerkungen zum Lebensweltbezug von (konstruktivistischem) Lernen

Reicht es, wenn im Zuge von Unterrichts- und Schulentwicklung Lernende ihr Lernen selbstverantwortlich organisieren und evaluieren? Gewährleistet der Rückzug der Lehrerinnen und Lehrer in den Bereich der Moderation, Beratung und Zuarbeit die Lösung der angedeuteten Probleme? Kritische Stimmen, darunter die von Lothar Bredella (1998) und Klaus Schüle (2000), sehen in dieser Verantwortungsübertragung an die Heranwachsenden ein riskantes, gefährliches Spiel, eine problematische Verwechslung von Autodidaktik mit Lernerautonomie. Klaus Schüle kritisiert am Konstruktivismus, dass er in seiner Übertragung auf Erziehung einer neoliberalen Logik das Wort rede. Er lege mit seinem extremen Subjektivismus nahe, die Schülerinnen und Schüler sich selbst zu überlassen, und das heißt, sie der Welt zu überlassen.

> Die uns umgebende Wirklichkeit prägt uns auf Schritt und Tritt. (...) Die sprachlichen Muster, mit denen wir aufgewachsen sind, können wir nicht einfach abschütteln, die Schriftzeichen, in denen wir kommunizieren, bestimmen unser Denken; Bilder, die die uns umgebenden Medien produzieren, haben Wirkungen, denen wir nicht entgehen (wie sonst kommt es dazu, dass 11 Millionen um 8 Uhr 15 Gottschalk gucken und dass 8 Mio. um 21 Uhr 45 zur Toilette gehen)? (...) Dieser Wirklichkeit Wirkung abzusprechen mit dem Argument, im Zweifelsfall kann ich mich ihr entziehen und mich autonom verhalten, halte ich für wirklichkeitsfremd. Mentale Prägungen der äußeren Wirklichkeit verfolgen uns bis in unsere Träume *kollektiv*. Selbstverständlich sind diese Prägungen nicht bloße Widerspiegelungen. Der Fall, dass sich Kinder für *batman* halten und aus dem Fenster stürzen, kommt relativ selten vor (es sollte uns aber zu denken geben, *dass* er vorkommt). Es zeigt sich, wohin der extreme Subjektivismus der Konstruktivisten führt: Er fördert ein gewissermaßen anarchisches Verhalten einerseits und eine krude unpolitische Akzeptanz der bestehenden Machtverhältnisse andererseits. Ich glaube, man macht es sich in diesen neoliberalen Diskursen zu leicht, wenn man eine kollektive Vernunft so postmodern chic zurückweist. Im Grunde unterhöhlt man damit den Demokratiebegriff.

Ich glaube, die Praxis ist sich dieser Verantwortung ungleich bewusster als die derzeitige verkürzte und verkürzende fremdsprachendidaktische Theoriebildung, die bei der Öffnung von Unterricht ganz auf das autonome Subjekt setzt und leichtfertig die Grenze zwischen Lebenswelt und Schulwelt aus dem Weg denkt. Die moderne Schule entstand, als mit der Herausbildung städtischer Gesellschaften und erster internationaler Handelsbeziehungen „die Weitergabe des kulturell erreichten Wissens- und Fähigkeitsniveaus durch einfachen Mitvollzug der nachwachsenden Generation am Leben der älteren Generationen nicht mehr ausreicht(e)", schreibt Ewald Terhart (1994/97: 139) und fügt hinzu:

> Gerade die *Distanz* zur natürlichen Lebenswelt ermöglicht es, die (motorische, kognitive, soziale, moralische und ästhetische) Erfahrungsbildung der Heranwachsenden an

universellen (statt an zufälligen und/oder sozialräumlich-kulturell begrenzten) Standards zu orientieren und damit auch eine kritische Reflexion auf gegebene Erfahrungszusammenhänge zu vollziehen. Insofern ist die Herauslösung der Schule aus dem Leben geradezu die Voraussetzung dafür, dass es zu einer nicht nur bestätigenden, affirmativen Begegnung von Heranwachsenden und der gegebenen Kultur kommt, sondern hierbei auch Kritik und Erneuerung kultureller Muster möglich wird. So gesehen ist Unterricht also notwendig und mit gutem Recht 'künstlich'. Die Ausbalancierung des Verhältnisses von innerschulischer und außerschulischer Erfahrungsbildung, die Ausgestaltung des Grenzverkehrs zwischen Schule und Leben also, ist eines der Grundprobleme des Unterrichts und zugleich immer bedroht. (1994/97: 152f)

Öffnung von Unterricht, auch von Fremdsprachenunterricht, bedarf eines geschützten, umschlossenen, handlungsentlasteten Raums. Sie kann paradoxerweise also nur unter der Prämisse gelingen, dass wir uns, wie Dietrich Benner (1989) es formuliert, „auf die verlorene Einheit von Leben und Lernen besinnen". An deren Bruchstellen sind Öffnungs- und Schließungsbegehren immer wieder aufs Neue auszuhandeln.

## Literaturhinweise

Abendroth-Timmer, Dagmar / Breidbach, Stephan (Hrsg.) (2000): *Handlungsorientierung und Mehrsprachigkeit*. Frankfurt/Main: Peter Lang. (Kolloquium Fremdsprachenunterricht Band 7.)

Bausch, Karl-Richard / Christ, Herbert / Königs, Frank G. / Krumm, Hans-Jürgen (Hrsg.) (1998): *Kognition als Schlüsselbegriff bei der Erforschung des Lehrens und Lernens fremder Sprachen*. Tübingen: Gunter Narr.

Benner, Dietrich (1989): Auf dem Weg zur Öffnung von Unterricht und Schule: Theoretische Grundlagen zur Weiterentwicklung der Schulpädagogik. *Die Grundschulzeitschrift* 27: 46-55.

Bleyhl, Werner (2000): Fremdsprachenlernen konstruktiv. In: Wendt, Michael (Hrsg.): 103-118.

Bredella, Lothar (1998): Der radikale Konstruktivismus als Grundlage der Fremdsprachendidaktik. In: Bausch, Karl-Richard u.a. (Hrsg.): 34-49.

Bundesarbeitskreis der Seminar- und Fachleiter/innen e.V. (Hrsg.) (1998): *Bildungswandel in Ost- und Westeuropa*. Rinteln: Merkur.

Caspari, Daniela / Finkbeiner, Claudia (1998): Formen der Öffnung im Fremdsprachenunterricht: ein Gedankenaustausch. *Fremdsprachenunterricht* 42/51 (1998) 4: 249-253.

Czerwenka, Kurt (1993): Veränderte Gesellschaft - veränderte Schüler. *Der fremdsprachliche Unterricht Englisch* 27/4: 4-9.

Dam, Leni (1995): *Learner Autonomy - From Theory to Classroom Practice*. Dublin: Authentik.

Donath, Reinhard / Volkmer, Ingrid (Hrsg.) (1997): *Das Transatlantische Klassenzimmer. Tips und Ideen für Online-Projekte in der Schule*. Hamburg: Körber-Stiftung.

Edelhoff, Christoph / Weskamp, Ralf (Hrsg.) (1999): *Autonomes Fremdsprachenlernen*. Ismaning: Max Hueber.

Eschenauer, Jörg (1999): „Geschichte in Zeitlupe" - Ein Ansatz zum autonomen Lernen im bilingualen Sachfachunterricht. In: Edelhoff, Christoph / Weskamp, Ralf (Hrsg.): 134-163.

Glasersfeld, Ernst von (1995): Aspekte einer konstruktivistischen Didaktik. In: Soester Landesinstitut für Schule und Weiterbildung (Hrsg.): 7-14.

*Die Grundschulzeitschrift*, Sonderheft zum Bundesgrundschulkongress 1989. Velber: Friedrich Verlag.

Jank, Werner / Meyer, Hilbert (1991): *Didaktische Modelle*. Frankfurt/Main: Cornelsen Scriptor.

Legutke, Michael (1999): Lernort „Klassenzimmer". In: Edelhoff, Christoph / Weskamp, Ralf (Hrsg.): 94-112.

Lenzen, Dieter (Hrsg.) (1997): *Erziehungswissenschaft: Ein Grundkurs*. Reinbek: Rowohlt, 2. Aufl.

Lewalter, Ernst (1929): Warum Lichtwark-Schule? In: Lehberger, Reiner (1997): *Die Lichtwarkschule in Hamburg*. Hamburg: Amt für Schule, 2. Aufl.

Meyer, Meinert A. (1998): Lernmethoden sind nicht Lehrmethoden. In: Bundesarbeitskreis der Seminar- und Fachleiter/innen e.V. (Hrsg.) 4/1998: 35-57.

Müller-Verweyen, Michael (Hrsg.) (1997): *Neues Lernen - Selbstgesteuert - Autonom*. München: Goethe-Institut.

Rampillon, Ute / Reisener, Helmut (1997): Orientierungen für den Englischunterricht. *Der fremdsprachliche Unterricht Englisch* 31/28: 4.

Schüle, Klaus (2000): In Relationen Denken und Handeln: Vom konstruktiven Umgang mit dem Konstruktivismus. In: Abendroth-Timmer, Dagmar / Breidbach, Stephan (Hrsg.): 79-96.

Soester Landesinstitut für Schule und Weiterbildung (Hrsg.) (1995): *Lehren und Lernen als konstruktive Tätigkeiten*.

Tenorth, Heinz-Elmar (1994/97): Schulische Einrichtungen. In: Lenzen, Dieter (Hrsg.): 427-446.

Terhart, Ewald (1994/97): Unterricht. In: Lenzen, Dieter (Hrsg.): 133-158.

Vater, Brigitte (1991): *Tea*. Ein Forschungsprojekt im Englischunterricht der Hauptschule. *Pädagogik* 43/2: 17-22.

Wallrabenstein, Wulf (1991): *Offene Schule - offener Unterricht*. Reinbek: Rowohlt.

Wendt, Michael (2000): Le coureur perdu - Erkennen, Verstehen und interkulturelles Lernen. In: Wendt, Michael (Hrsg.): 163-174.

Wendt, Michael (Hrsg.) (2000): *Konstruktion statt Instruktion*. Frankfurt/Main: Peter Lang. (Kolloquium Fremdsprachenunterricht Band 6.)

Weskamp, Ralf (1996): Pädagogisierung des Fremdsprachenunterrichts: Schritte in Richtung zeitgemäßen Lernens. *Praxis des neusprachlichen Unterrichts* 43/4: 347-356.

Weskamp, Ralf (1999): Unterricht im Wandel - Autonomes Fremdsprachenlernen als Konzept für schülerorientierten Fremdsprachenunterricht. In: Edelhoff, Christoph / Weskamp, Ralf (Hrsg.): 8-19.

Wolff, Dieter (1997): Instruktivismus vs. Konstruktivismus: Zwanzig Thesen zur Lernbarkeit und Lehrbarkeit von Sprachen. In: Müller-Verweyen, Michael (Hrsg.): 45-52.

Wopp, Christel (1991): Offener Unterricht. In: Jank, Werner / Meyer, Hilbert: 322-333.

## Was hat offener Unterricht mit der Freinet-Pädagogik und dem Portfolio zu tun?

*Sigrid Maruniak*

### 1. „Adler steigen keine Treppen"

Auf Célestin Freinet (Reformpädagoge von 1896 bis 1966) stieß ich bei meiner Beschäftigung mit alternativen Konzepten im Fremdsprachenunterricht. Er faszinierte mich sowohl mit seinen Vorstellungen von „moderner Schule" als auch in seiner Lebensgeschichte, die sein Bestreben widerspiegelt, die von ihm entwickelten Prinzipien auch in seinem praktischen Tun zu realisieren.

Hier, hinter dem Rednerpult zu stehen, um über Célestin Freinet zu sprechen, verstößt bereits gegen eines seiner Prinzipien; war er doch für die Abschaffung der Pulte und überzeugt vom geringen Nutzen des Frontalunterrichts. Aber in 30 Minuten lässt sich ein *atelier* im Freinet'schen Sinne schwerlich durchführen. Lassen wir uns einstimmen in die Thematik mit der Illustration von Raymond Kuckelkorn (1995: 7), die Freinets berühmtes Zitat von den Adlern, die keine Treppe steigen, veranschaulicht: der Pädagoge hatte mit viel Klugheit den Weg seiner Schüler zu den verschiedenen Etagen des Wissens in Form einer methodischen Treppe ersonnen. Aber seine Schüler wollten ihre eigenen Wege finden – und sie fanden sie, jeder auf seine Weise. So ist zu fragen, ob nicht zufällig „seine Wissenschaft von der Treppe eine falsche Wissenschaft sein könnte und ob es nicht schnellere und zuträglichere Wege gäbe, auf denen auch gehüpft und gesprungen werden könnte; ob es nicht, nach dem Bild Victor Hugos, eine Pädagogik für Adler geben könnte, die keine Treppe steigen, um nach oben zu kommen" (1980: 17-18).

Sind unsere Schüler „Adler", die keine Treppen benötigen? Sicher nicht, aber sie werden es auch nie werden, wenn sie, an Treppen gewöhnt, nicht den Freiraum erhalten, eigene Erfahrungen, auch Bruchlandungen zu machen.

## 2. Von den Schwierigkeiten, offenen Unterricht zu leben

Benutzerfreundliche Treppen für seine Schüler zu bauen, lag nie in der Intention Freinets. Ermöglichen doch seine der Arbeitsschulpädagogik verhafteten Konzepte den Schülern das Verweilen und Besinnen, das Vertiefen und das Kreisen um eine Sache, das Abschweifen, Irrwege und Umwege einschlagen, das Überspringen und Wiederholen; Denk- und Arbeitsweisen, die sich auch im Konzept des offenen Unterrichts von heute finden.

Diesen wollen wir hier als Unterricht fassen, der offen ist für die Selbsttätigkeit und Selbstständigkeit der Schüler und sich gleichzeitig anderen Fächern und dem schulischen Umfeld öffnet. Das war nur eine von Freinets weitreichenden Vorstellungen von „moderner Schule". Wie unsäglich schwer es ist, gegen den Strom der allgemein anerkannten Theorien und Praktiken zu schwimmen, hat Freinet am eigenen Leib nachdrücklich erfahren müssen.

Auch heute noch ist das Konzept des offenen Unterrichts, obschon lange diskutiert und gefordert, bei weitem nicht Unterrichtsalltag.

Das ist nicht verwunderlich. Die Vorstellung, dass Lernprozesse immer nur in Stufen, Schritten, Phasen und Etappen vonstatten gehen, dass sie immer vom Einfachen zum Komplexen, vom Konkreten zum Abstrakten, vom Anschaulichen zum Unanschaulichen führen, ist Ausdruck der Denk- und Lebenspraxis der modernen europäisch-abendländischen Zivilisation. Der Aufwand bei der Portionierung, Dosierung, Phasierung der Lerninhalte steht in einem komplexen Zusammenhang mit dem Bedarf an Ordnungs-, Regelungs- und Phasierungsstrukturen. Dieses Bedürfnis ist verständlich angesichts der zunehmenden Anonymität, Undurchschaubarkeit und Komplexität der Gesellschaft.

Folglich ist es naiv zu glauben, die verkrusteten alten schulischen Ordnungsvorstellungen, widergespiegelt in den Stufen- und Phasenschemata, ersatzlos zu beseitigen. Es kann nur darum gehen, die bestehenden Strukturen neu zu durchdenken und ihnen in formaler Hinsicht auch die entsprechenden Formen zu geben. Offener Unterricht impliziert auch andere formale Stufen, die mit der methodischen Treppe nur wenig gemeinsam haben.

### 3. Unterrichten nach Freinet – ein anderes Stufenmodell?

Im Mittelpunkt des Freinet'schen Unterrichtskonzepts steht die Erziehung zur Arbeit. Selbsttätigkeit in Form ernster, bewusster Arbeit wird zum Schlüssel der Persönlichkeitsentwicklung der Kinder. Von seinem Arbeitsbegriff leitet Freinet für die Pädagogik vier zentrale Kategorien ab:

a)
Das natürliche Arbeitsbedürfnis der Kinder, ihre Experimentierfreude, ihr Bestreben nach sinnvollem Tun, ihr Drang zu forschen und zu entdecken, ist ernst zu nehmen. Im Fremdsprachenunterricht widerspiegelt sich diese Auffassung insofern, als die Schüler, ausgehend von authentischen Materialien (z.B. von Briefen der Korrespondenzklasse) die fremde Sprache analysieren, Hypothesen über Gebrauch und Regelmäßigkeiten aufstellen, sie in kooperativer Auseinandersetzung mit den Überlegungen und Sprechäußerungen der Mitschüler, des Lehrers, des vorliegenden Materials überprüfen und gegebenenfalls korrigieren. In diesem Prozess des tastenden Versuchens, des *tâtonnement expérimental*, entwickelt jeder Schüler seine eigenen Lernverfahren und -strategien. Er konstruiert sich seine eigene Fremdsprache, die sich bewährt, wenn er in realen Kommunikationssituationen seinen Gesprächspartner versteht und wenn dieser ihn versteht. Es ist der Inhalt der Mitteilung, der absolute Priorität hat. Das Arbeitsbedürfnis der Kinder manifestiert sich nicht nur in Prozessen aktiv-entdeckenden Lernens, sondern auch in ihrem Bedürfnis, sich frei auszudrücken. Im Vertrauen darauf, dass das Kind Methode hat, eine natürliche Methode, werden ihm vielfältige Gelegenheiten geboten. Im Sprachunterricht haben die Schüler in Form des freien Textes die Möglichkeit, sich frei zu äußern über Themen, die ihnen bedeutsam erscheinen. Textsorte, Umfang, Ort und Zeit des Schreibens bestimmt der Schüler selbst. Sie sind notenfrei, gelungene Produkte wählt die Klasse zum Verschicken an die Korrespondenzklasse aus. Daneben gibt es Möglichkeiten des *danse libre*, des *chant libre*, des *dessin libre*. Das Entdecken der Welt und das Entdecken des eigenen Ichs sind die Voraussetzung zur Bildung origineller Persönlichkeiten.

b)
Eine Vielfalt von Arbeitstechniken, die oben beschriebenes Entdecken entwickeln und die Selbsttätigkeit der Kinder stärken, finden sich in speziellen *ateliers*, in denen geforscht und getüftelt, aber auch Sprache automatisiert wird. Es handelt sich um Unterrichtsformen, die dem Lernen an Stationen der heutigen Zeit vergleichbar sind. Arbeitskarteien, bzw. Selbstlernkarteien speziell zur Festigung der laut Rahmenrichtlinien anzueignenden grammatischen Strukturen, aber auch zur methodischen Anleitung

komplexerer Vorhaben (z.b. Wie bereite ich einen Vortrag vor, wie leite ich eine Diskussion, wie führe ich ein Interview durch) sind Bestandteil der selbstständigen Arbeit. Ein Kernstück der Arbeitstechniken ist die Korrespondenz mit einer Klasse im Zielsprachenland. Der Austausch von Schülerprodukten, wie z.b. gelungene freie Texte, selbst produzierte Medien, wie Kassetten und Videos sind Ausgangspunkt von Lern- und Kommunikationsprozessen. Weitere Informationsquellen liefert die Klassenbibliothek: anstatt des Lehrbuchs gibt es hier Bücher, Grammatiken, Zeitungen, Zeitschriften, Tonbandaufzeichnungen, Filme usw., die als Materialbasis für entdeckendes Lernen dienen.

c)
Verlässliche Arbeitsstrukturen, die die Schüler an Selbstdisziplin und feste Formen der Kooperation gewöhnen, gliedern den Unterrichtsprozess. In individuellen und kollektiven Arbeitsplänen (zumeist für den Zeitraum einer Woche) werden für den einzelnen Schüler sowohl individuelle Pflichtaufgaben als auch frei zu wählende fremdsprachliche Tätigkeiten ausgehandelt. Das gilt auch für kollektive Vorhaben der gesamten Klasse. Die Klassenversammlung (*le conseil de classe*) ist das Gremium, in dem die Pläne diskutiert und mit den entsprechenden Verantwortlichkeiten festgelegt werden. Es ist aber auch das Forum, das die Arbeitsergebnisse des einzelnen und der Gruppen einschätzt und zur Veröffentlichung auswählt. Darüber hinaus werden hier Ämter mit fest umrissenen Verantwortlichkeiten verteilt.

d)
Die in selbstständiger Arbeit erzielten Ergebnisse bedürfen der Anerkennung. Freinet entwickelte eine Vielzahl an Formen, die Arbeitsergebnisse zu dokumentieren, Leistungen anzuerkennen. Autorenlesungen, Ausstellungen, Veröffentlichung in der Klassenzeitung, in der Schule, das Versenden der Produkte an die Korrespondenzklasse, das Vergeben von Diplomen, sind nur einige der Möglichkeiten. Dabei spielen die persönlichen Lebensbücher der Schüler, die *livres de vie*, eine wichtige Rolle. Darauf wird später noch einzugehen sein.

Wo findet sich in diesem Konzept ein Stufenmodell?

Freinet-Pädagogen gehen davon aus, dass auch eine Fremdsprache durch ein tastendes Versuchen, ein *tâtonnement expérimental,* angeeignet wird. Diese Prozesse folgen eigenen Gesetzmäßigkeiten, die für jeden einzelnen Schüler unterschiedlich verlaufen. Das Vorgehen nach einem einheitlichen Schema für alle kann diesen Unterschieden nicht gerecht werden. Deshalb lehnen Freinet-Pädagogen es ab, den Lernprozess für alle Schüler in gleicher Weise, im gleichen Rhythmus, mit strikter Progression zu organisieren. Aus eben diesen Gründen verzichten sie auf den Einsatz des Lehrbuchs in seiner das Unterrichtsgeschehen dominierenden Leitfunktion. Sie plädieren deshalb für die Verwendung mobiler Bausteine und abgegrenzter Lerneinheiten, die sich je nach den Umständen anordnen lassen.

Dennoch kommt auch diese offene Unterrichtskonzeption ohne ein organisatorisches Gerüst nicht aus. Dietrich (1995: 224f.) unterscheidet folgende Phasen:

- In der Phase der persönlichen Arbeit organisieren die Schüler ihren Lernprozess selbst. Ausgangspunkt sind die in den persönlichen und kollektiven Plänen ausgehandelten Arbeitsanteile. Alle Arten von Informationsträgern stehen zur Verfügung und ermöglichen es ihnen, Erfahrungen zu machen, ohne ständig von den Lehrenden kontrolliert zu werden. Deren Aufgabe besteht darin, die Mittel zu organisieren, die es den Schülern erlauben, Fortschritte zu machen, ihre Irrtümer und Mängel selbst zu erkennen und die Lernstrategien zu entdecken, die ihnen angemessen sind.

- In der Phase der kollektiven Arbeit steuert der kollektive Arbeitsplan die Lernprozesse, die zumeist in Kleingruppen ablaufen, bevor die Resultate der Klasse in der 3. Phase präsentiert werden.

- In der Phase der Sozialisierung der Ergebnisse trägt der Lehrer nach der Auswertung der Arbeitsergebnisse durch die Klasse seinen Teil bei, ergänzt, hilft bei Zusammenfassungen, erweitert den Stoff in einem nachfolgenden Abschnitt. Dann können die Arbeitsergebnisse in den weiteren Kommunikationskreislauf der Klasse eingefügt werden, d.h. in einen entsprechenden Ordner abgeheftet, in der Klassenzeitung veröffentlicht, als Poster an die Wand des Klassenzimmers, des Schulkorridors gepint, für die Klassenkorrespondenz ausgewählt werden usw.

Sicher ist deutlich geworden, dass diese Auffassung von Unterricht unvereinbar ist mit einem kleinschrittig konzipierten Stufenmodell. Es finden sich zwar auch Phasen. Diese sind aber gleichwertig, in der Art eines natürlichen Dreischritts in einem Kreislauf angeordnet. Der Ausgangspunkt kann je nach den Umständen sowohl die Phase der kollektiven Arbeit als auch die Phase der Sozialisierung der Ergebnisse sein.

Diese Art der Unterrichtsorganisation lässt den Schülern ausreichend Freiräume für die individuelle Gestaltung des Lernprozesses und bietet dennoch Lehrern und Schülern Gliederungs- und Ordnungsstrukturen. Es bleibt zu diskutieren, ob dieses Modell besser als die „methodische Treppe" geeignet ist, offenem Unterricht adäquate formale Stufen zu geben.

Wie dieser auch zum Unterrichtsthema gemacht wird, soll im nächsten und letzten Abschnitt dargestellt werden.

## 4. Livre de vie und Portfolio

Die individuelle Biografie der Kinder auf- und weiterzuschreiben, hat Freinet immer wieder eingefordert – und zwar von den Lehrenden wie auch von den Kindern. Diese Sichtweise widerspiegelt sich in seinem Vorschlag eines „Lebensbuchs", eines *livre de vie*, das vom Kind selbst geführt wird.

In diesem Buch bewahrt das Kind seine persönlich bedeutsamen Texte und Zeichnungen auf. Es enthält Geschichten und Beobachtungen des Kindes, seine Untersuchungsbefunde, seine Gedichte, Phantasien und naive Theorien. In gewisser Weise dokumentiert es den Arbeitsprozess des Kindes, dessen jeweils aktuellen Stand. Damit wird es zu einer unschätzbaren Orientierungs- und Reflexionshilfe für die persönliche Lernplanung.

Wir finden in diesem Lebensbuch zahlreiche Parallelen zum gegenwärtig diskutierten Portfolio, das sich in das aktuelle Projekt des Europarats unter dem Titel integriert: *Les Langues vivantes: apprendre, enseigner, évaluer. Un cadre européen commun de référence*.

Innerhalb dieses Projekts entwickelte der Europarat Kompetenzstufen, den sogenannten europäischen Referenzrahmen zur Beschreibung erworbener fremdsprachlicher Fähigkeiten, die dadurch innereuropäisch vergleichbar werden und die Möglichkeiten der Mobilität in Europa erweitern. Davon ausgehend erarbeiteten Institutionen verschiedener Länder ein Instrument, das Portfolio, das sich z.Z. noch weiter in der Erprobung befindet.

Das Landesinstitut für Schule und Weiterbildung in Soest hat die deutsche Version des Portfolios entwickelt. Es wurde ab Februar 1998 an 20 Schulen mit 11000 Schülern und 45 Lehrern erprobt und ausgewertet. Erste Ergebnisse liegen vor und spiegeln die große Resonanz bei Schülern und Lehrern wider. Bis Mitte des Jahres 2000 wird auf der Grundlage der Ergebnisse der Erprobung das Portfolio überarbeitet.

Worum handelt es sich im Einzelnen?

Die an der Entwicklung beteiligten ExpertInnen haben sich auf drei Teile des Portfolios geeinigt:

1. Der Sprachenpass, der alle bis zu einem bestimmten Zeitpunkt erworbenen Qualifikationen im sprachlichen Bereich erfasst, d.h. am Ende der Sekundarstufe I beurteilen die Schüler auf der Grundlage der sechs Kompetenzstufen des Allgemeinen Europäischen Referenzrahmens ihr Niveau in allen verfügbaren Sprachen in den Bereichen

    Hörverstehen

    Leseverstehen

    Mündlicher Sprachgebrauch

    Schriftliche Textproduktion

    Korrektheit

    Ausdrucksvermögen

Diesen sechs Bereichen werden die sechs Kompetenzstufen zugeordnet, deren Termini bis heute noch keine allgemein konsensfähige Übersetzung gefunden haben. Deshalb hier die Begriffe in ihrer englischen Fassung:

    A1= *Breakthrough*

    A2=*Waystage*

    B1=*Threshold*

    B2=*Vantage*

C1=*Effective Proficiency*

C2=*Mastery*

Für jeden der o. g. Verwendungsbereiche werden die Kompetenzstufen differenziert beschrieben.

Nach der Selbstevaluation durch die Schüler findet sich eine Spalte, in der der Lehrer einen Kommentar zur Einschätzung des Schülers formuliert.

Neu und interessant dabei ist, dass nicht nur die in der Schule gelernten Fremdsprachen erfasst werden, sondern auch solche, die in der Familie, außerhalb der Schule, wie z.B. an der Volkshochschule, in Ferienkursen gelernt wurden. Interkulturelle Begegnungen, wie Schüleraustausch, Betriebspraktika, Schülerkorrespondenz sind ein weiteres Element des Sprachenpasses und erhalten damit eine Wertschätzung und Anerkennung als integrativer Bestandteil des Sprachenkönnens.

In unserem Zusammenhang erscheint mir die zweite Funktion des Portfolios, eine mehr pädagogische Funktion, von großem Interesse.

2. In der sogenannten Sprachenbiografie spiegelt sich die sprachlich-interkulturelle Entwicklung der Schüler im Längsschnitt wider. Hier soll den Lernenden Raum gegeben werden, ihre Lernwege aufzuzeichnen und auch ihre interkulturellen Erfahrungen festzuhalten. Dabei sollen sie ihre Ziele in den einzelnen Sprachen formulieren, ihr erreichtes Niveau einschätzen, Lernprozesse und Lernprobleme reflektieren und sie gegebenenfalls mit den Lehrkräften lösen.

Dieser Aspekt der Selbstevaluation und Sprachreflexion trägt zur Eigenverantwortung im Sprachlernprozess bei. Er stärkt bei den Schülern die metareflektive Kompetenz und das selbstständige und selbstverantwortliche Lernen. Offener Unterricht benötigt gerade diese Form der Kompetenz, weil die Schüler größere Strecken ihres Lernweges allein gehen. Freinet hat bereits zu seiner Zeit die Bedeutung der Selbstevaluation erkannt und angeregt, das *livre de vie* auch für diese Art von Reflexion zu nutzen.

3. Ein weiterer Bestandteil, das Dossier, ist eine Sammlung besonders gelungener Arbeiten, die die Schüler selbst auswählen und die Zeugnis ihrer Arbeit ablegen. Die Aussicht auf eine mögliche Präsentation für andere impliziert den Faktor der Motivation. Hier finden wir Freinets Anschauungen wieder, der im „Öffentlichmachen" der Arbeitsergebnisse eine wirksame Form der Anerkennung sah. Auch offener Unterricht impliziert die Öffnung der Schule zu ihrem engeren und weiteren Umfeld und ein Offenlegen der geleisteten Arbeit.

Mit einem Zitat Freinets möchte ich schließen, wohlwissend, dass ein weiterer Verstoß gegen ein Prinzip Freinets offenkundig wird. So sagte Freinet zu Michel Barré, der als junger Lehrer nach Vence kam, um an dessen Schule zu unterrichten: „Misstraue Reden, die länger als fünf Minuten dauern, denn man hört oft weniger gut das, was man viel besser in Büchern nachlesen kann. Kinder sind deshalb von vornherein daran zu gewöhnen, selbst in Büchern nachzuschlagen als passiv dem Lehrer zuzuhören"

(1997: 25). Dieser Anregung nachzugehen, erleichtert die Literaturauswahl am Ende meines Beitrags.

## Literaturhinweise

Baillet, Dietlinde (1989): *Freinet – praktisch. Beispiele und Berichte aus Grundschule und Sekundarstufe.* Weinheim/Basel: Beltz Verlag, 2. Aufl.

Barré, Michel (1997): Was ist an der Freinet-Pädagogik noch modern? In: Hagstedt, Herbert (Hrsg.): 25-33.

Bücking, Gisela (1991): *Schülerkorrespondenz – ein Erfahrungsbericht.* Berlin: Pädagogisches Zentrum. (Reihe Curriculare Entwicklungen.)

Conseil de l'Europe (Hrsg.) (1996): *Les Langues vivantes: apprendre, enseigner, évaluer. Un cadre européen commun de référence.* Strasbourg: Conseil de la Coopération Culturelle.

Dietrich, Ingrid (Hrsg.) (1995): *Handbuch Freinet-Pädagogik. Eine praxisbezogene Einführung.* Weinheim/Basel: Beltz-Verlag.

Freinet, Célestin (1945): *L'Education du travail.* Neuchâtel: Ophrys.

Freinet, Célestin (1950): *Essai de psychologie sensible appliquée à l'éducation.* Cannes: Gap, Editions de l'Ecole Moderne Française.

Freinet, Célestin (1964): *Les Techniques Freinet de l'école moderne.* Paris: Librairie Armand Colin. (Collection Bourrelier.)

Freinet, Célestin (1999): *Pädagogische Werke.* Übers. v. Hans Jörg. Bd. 1. Paderborn: Schöningh.

Gerling, Ursula / Thürmann, Eike (1999): Das nordrhein-westfälische Portfolio der Sprachen für Schulen der Sekundarstufe I. *Babylonia* 1: 40-44.

Hagstedt, Herbert (Hrsg) (1997): *Freinet-Pädagogik heute.* Beiträge zum Internationalen Célestin-Freinet-Symposium in Kassel. Weinheim: Beltz Deutscher Studienverlag (Sonderausgabe).

Héloury, Michèle (1998): Plan de travail: Mode d'emploi ou: Tu commences par où tu veux. *Fremdsprachenunterricht* 42/51: 273-277.

Meyer, Hilbert (1994): *Unterrichtsmethoden I:* Theorieband. Frankfurt am Main: Cornelsen Verlag Scriptor, 6. Aufl.

Minuth, Christian (1996): *Freie Texte im Französischuntericht.* Berlin: Cornelsen Verlag.

Piepho, Hans-Eberhard (1999): Portfolio – ein Weg zu Binnendifferenzierung und individuellem Fremdsprachenwachstum? *Fremdsprachenunterricht* 43/52: 81-87.

Schlemminger, Gerald (1996): Freinet-Pädagogik – (auch) ein Ansatz für den Fremdsprachenunterricht? *Fremdsprachen Lehren und Lernen* 25/96: 87-105.

# Öffnung des Französisch-Unterrichts durch Theaterspiel - Erfahrungen aus der John-F.-Kennedy-Schule

*Marei Wendt*

## 1. Entstehung der Theatergruppe

Seit ich Französischlehrerin bin, nutze ich – wie alle meine Französisch-Kollegen – verschiedene Formen des szenischen Spiels für meinen Unterricht: Vom Auswendiglernen kleinerer und längerer Dialoge über das Erfinden von Gesprächen oder Interviews, die dann auf der Grundlage der Niederschriften mehr oder weniger frei vorgetragen oder gespielt werden bis hin zu mehr oder weniger spontan geführten Diskussionen, kleinen mehr oder weniger improvisierten Sketchen, in der Sekundarstufe I oft im Zusammenhang mit Lehrbuchtexten. Dies soll aber hier nicht Thema meiner Ausführungen sein.

Das szenische Spiel wuchs zum ersten Mal vor 12 Jahren aus dem Unterricht heraus, als ich eine für Französisch begeisterte – übrigens nicht unbedingt begabte – 10. Klasse unterrichtete.

Wir beteiligten uns damals – 1987 – an einem Berlin-weiten Theaterprojekt *Berliner Schulen spielen europäische Märchen und Geschichten* im Volkspark Mariendorf mit einer von einem Vater und den Schülern verfassten Dramatisierung von *Le chat botté* frei nach Charles Perrault.

## 2. Die verschiedenen Theaterprojekte/Inszenierungen

In den folgenden 11 Jahren – bis 1998 – hat die AG Französisches Theater mit Schülern aus der Sekundarstufe I und II fast jedes Jahr eine Produktion in französischer Sprache auf die Bühne gebracht, z.B.

- von Georges Courteline *M. Triangle, Gros chagrins, La voiture versée* (Schüler der 9. bis 11. Klasse)
- von Molière *Le médecin malgré lui* (10. bis 12. Klasse), *Les fourberies de Scapin* (7., 11. bis 13. Klasse), *Le bourgeois gentilhomme* (Schüler der 7. bis 13. Klasse)
- von Marivaux *La dispute* (11. bis 13. Klasse)
- von Arrabal *Pique-nique en campagne*, von Ionesco *La leçon*, von Tardieu *Le guichet* (10. bis 13. Klasse)

sowie kleinere Stücke und Sketche verschiedener Autoren, z.B. eine kleine Klett-Lektüre für die 8. Klasse *Une bonne solution* oder Sketche von Jacques Rouland, Tristan Bernard, Fernand Raynaud.

## 3. Intentionen der AG Französisches Theater

Zunächst wollte ich den Schülern die Erfahrung vermitteln, dass Französisch lernen Spaß machen kann, dass sie diesmal für sich und andere lernen, verbunden mit dem Kick, auf der Bühne vor Publikum zu spielen, mit Kulissen, Requisiten, geschminkt, maskiert und verkleidet.

Für mich als Lehrerin war es einfach der Wunsch, andere Möglichkeiten des Spracherwerbs auszuprobieren und Motivation zu wecken.

Hinzu kam die Überlegung, die Begegnung mit literarischen Texten schon in der Sekundarstufe I einzuführen, ganz im Sinne der von H. Weinrich Ende der 70er Jahre erhobenen Forderung nach „Reliterarisierung des Sprachunterrichts" (Weinrich 1979: 17).

In den 80er Jahren wurde diese Idee diskutiert: für Bertrand und Ploquin z.B. geht es darum,

> de décloisonner les activités du cours de langue et de donner à l'enseignement de la littérature une souplesse qui lui manque souvent encore: accent mis sur le lieu, le moment et les retours de la lecture sur elle-même, sur la liaison essentielle entre la lecture et l'écriture, sur la liberté interprétative qui stimule la créativité (Bertrand / Ploquin 1988: 4).

d.h. den Sprachunterricht zu öffnen und die Literaturbetrachtung durch kreative Aktivitäten zu bereichern und zu vertiefen.

In diesem Sinne hat Eckhard Rattunde zur Behandlung von Arrabals *Pique-nique en campagne* im Französischunterricht einen interessanten Aufsatz in *Die Neueren Sprachen* veröffentlicht (Rattunde 1990).

Auch das BIL[1] hat zu diesem Thema wichtige unterrichtspraktische Ergebnisse vorgelegt. Wer szenisches Spiel aus dem Unterricht verlagert und einem Publikum präsentiert, verlässt die gesicherte Sphäre schulischen Lernens und will verstanden werden. Die Kommunikation muss unbedingt gelingen. Wir mussten also Mittel und Wege finden, um unseren potentiellen Zuschauern, die des Französischen nicht unbedingt mächtig sind, Verständnishilfen zu bieten. Diese Überlegungen haben uns nicht nur bei der Planung, sondern noch in allen Etappen der Inszenierung der französischen Stücke beschäftigt.

## 4. Die Vorbereitung der Produktion. Die einzelnen Phasen der Inszenierung

In allen Phasen der Produktion habe ich die Schüler je nach Altersstufe und Interesse soviel wie möglich beteiligt. Wichtige Rahmenbedingung dabei war, dass die Produktion und Aufführung eines Stückes innerhalb eines Schuljahres abgeschlossen sein musste; meiner Erfahrung nach lassen sich die Begeisterung und das Engagement für ein Projekt kaum über einen längeren Zeitraum aufrechterhalten; nur einmal habe ich eine Inszenierung nach den Sommerferien wieder aufgenommen, weil wir eine Theaterreise nach Paris planten; dies konnte aber nur mit einem erheblichen organisatorischen und emotionalen Aufwand geleistet werden.

- Auswahl der Stücke

Kriterien der Auswahl: Um unser Publikum erreichen zu können, mussten die Stücke ausgesprochen handlungsintensiv sein; d.h. die Bühnenhandlung sowie die gesamte Szenerie mussten den Ablauf des Geschehens, die Beziehungen der Personen, usw. verständlich machen. Die Stücke durften auch nicht zu lang sein: bei Vorführungen während des Französischunterrichts nicht länger als 45 Minuten, bei Abendvorstellungen nicht länger als 1 1/2 Stunden, um Schauspieler und Publikum nicht zu überfordern.

Außerdem sollten der Inhalt der Stücke und die Personen möglichst interessant für Jugendliche sein (also z.B. das Thema Liebe, Untreue, Eifersucht in *La dispute* von Marivaux, oder die Karikierung von Verhaltensweisen in Alltagssituationen, die unversehens zu Grenzsituationen werden können, wie z.B. in Tardieus *Le guichet* oder das Thema Krieg in Arrabals *Pique-nique en campagne*), und natürlich durften die Rollen die Schüler nicht überfordern.

Die Vorauswahl der Stücke habe ich als Spielleiterin getroffen (die Stücke von Molière, Marivaux und Ionesco, beispielsweise), auch aus den oben erwähnten Zeitgründen, denn der Beginn der eigentlichen Spielphase darf nicht zu weit hinausgezögert werden, um die Spielfreude nicht zu bremsen. Die endgültige Festlegung der längeren Stücke haben wir trotzdem gemeinsam beschlossen. Bei der Auswahl der Sketche und kürzeren Stücke habe ich die Schüler beteiligt (Sketche von Fernand Reynaud, Jacques Rouland, Tristan Bernard u.a. kürzere Stücke von Courteline und Tardieu); wir haben die Stücke gemeinsam gelesen und diskutiert, z.T. haben die Schüler sie auch zu Hause gelesen und ihre Empfehlungen ausgesprochen, bevor wir uns dann geeinigt haben.

- Verteilung der Rollen

Bei der Lektüre sollten die Schüler sich schon Gedanken machen, welche Rolle sie spielen möchten. Nach der Auswahl des Stückes, bzw. der Stücke schrieb jeder Schüler bzw. Schülerin seine bzw. ihre Lieblingsrolle auf, sowie zwei Rollen, die er oder sie auch gerne spielen würden und dazu eine Person, die er oder sie ganz und gar ablehnten.

Die Schülervorschläge bildeten für mich als Spielleiter die wichtigste Vorgabe bei der endgültigen Festlegung der Rollen.

- Bearbeitung der Stücke

Besonders die Stücke von Molière, Marivaux, Courteline und Ionesco mussten mit Rücksicht auf das Publikum, aber auch auf die Darsteller selbst, stark verkürzt und sprachlich vereinfacht werden; Richtschnur bei der Vereinfachung war der Wortschatz der 10. Klasse, der Handlungsablauf wurde verschlankt und gekürzt. Gelegentlich haben wir allerdings auch Rollen hinzugefunden. Die erste Spielvorlage habe ich verfasst, sie wurde von einer Französin redigiert, aber während der Proben haben wir noch gemeinsam viele weitere Änderungen vorgenommen und zwar sowohl im Hinblick auf die Verständlichkeit für unser Publikum als auch mit Rücksicht auf das Rollenverständnis der einzelnen Schüler oder auch die Sprechbarkeit von bestimmten Passagen.

- Einstudierung des Stückes

Alle Teile der Inszenierung, Ton, Licht, Bühne, Requisiten, Kostüme, Maske, Choreographie etc. wurden gemeinsam gestaltet, immer in dem Bewusstsein, dass die szenische Umsetzung zugleich die Interpretation des Stückes bedeutet und die Kommunikation mit den Zuschauern: Kulissen, Requisiten, Bilder, Gesten etc, etc, alles sollte der Verdeutlichung des Geschehens dienen.

Wenn wir z.B. in Arrabals Stück *Pique-nique en campagne* mit Masken spielten, so wollten wir zeigen, dass die Menschen derart in ihren gesellschaftlichen Normen und Verhaltensregeln erstarrt sind, dass es ihnen unmöglich ist, die grausame Wirklichkeit zu erfassen und angemessen darauf zu reagieren. Sie sind ihr ausgeliefert und kommen darin um.

Häufig haben wir französische Musik zur Unterstreichung unserer inszenatorischen Absichten eingesetzt (z.b. *Chagrin d'amour* oder Liebeslieder von Edith Piaf in *La dispute*, aber auch passende deutsche oder englische Lieder als ironische Anmerkungen zu verschiedenen Szenen oder das chanson *La guerre de 14-18* von Georges Brassens in *Pique-nique en campagne*).

Außerdem haben wir uns natürlich den Techniken des Auswendiglernens gewidmet und sprachliche Probleme erörtert.

## 5. Aufführung und Publikum

- Die ersten Aufführungen fanden im Klassenraum während des Französischunterrichts statt und die jeweiligen Französischlehrer hatten ihre Schüler auf der Grundlage von Vokabellisten und einer Inhaltsangabe der Stücke, die von den Darstellern verfasst worden waren, vorbereitet, um das Verstehen zu erleichtern.

- Dieselbe Vorbereitung erfuhren dann die Stücke, die auf der Bühne im Theaterraum der Schule aufgeführt wurden; sie wurden sowohl für ausgewählte Klassen während der Schulzeit im Französischunterricht gezeigt als auch in Abendvorstellungen für andere Schüler, Lehrer und Eltern.

- Für die Aufführung der *Fourberies de Scapin* und des *Bourgeois gentilhomme* hatten wir zu Beginn eine Szene erfunden, in der die handelnden Personen kurz vorgestellt und ihre Beziehungen untereinander geklärt wurden.

Als eine Klasse französischer Schüler des damaligen Collège in Reinickendorf eine Aufführung des *Médecin malgré lui* von Molière in unserer Schule besuchte, erlebten die Mitglieder der Theater-AG ein Publikum, das alle Gags und Wortspiele auf Anhieb verstand und mit dankbarem Gelächter belohnte.

Diese Erfahrung führte zu dem Wunsch, einmal in Frankreich vor Schülern zu spielen. Wir organisierten also unsere erste Theaterreise nach Paris und führten *La dispute* von

Marivaux vor Schülern des *Lycée autogéré de Paris* auf, die unsere kleine Gruppe auch beherbergten und ihrerseits ihr einzigartiges Schulprojekt vorstellten. Unsere zweite Theaterreise führte uns nach St. Cloud, wo wir auf Einladung des Kulturvereins der Gemeinde *(ADEI – Association pour le développement des échanges internationaux)* drei Stücke des absurden Theaters zeigten und in Familien von Vereinsmitgliedern untergebracht waren.

## 6. Festival des französischen Schultheaters im Berliner *Institut Français*

1994 organisierte Frau Bergfelder-Boos vom BIL in Zusammenarbeit mit dem *Institut Français* ein Theaterfestival für Inszenierungen in französischer Sprache, an dem sich alle Schularten beteiligen konnten. Unsere Theater-AG stellte drei kleine Stücke von Courteline vor. Die Begegnung mit anderen Gruppen war sehr anregend und für alle Mitglieder ein besonderes Erlebnis.

## 7. Szenisches Spiel im Literaturunterricht

Im Leistungskurs der Oberstufe mit dem Semesterthema *Le théâtre* konnte ich die Erfahrungen aus der Theater-AG nutzen.

Alle Schüler hielten z.B. ein Referat über ein Theaterstück ihrer Wahl (aus dem 17. bis 20. Jahrhundert) und sollten eine Schlüsselszene auswählen, die dann im Unterricht gespielt und anschließend im Zusammenhang mit dem ganzen Stück analysiert wurde. Der Vortragende musste auch seine Auswahl und die Elemente seiner „Inszenierung" erläutern und begründen. Sehr viele Schüler dieses Leistungskurses haben außerhalb des Unterrichts in der Theater-AG zusammen mit einigen Schülern anderer Klassen (z.B. auch 7. Klassen) *Les fourberies de Scapin* einstudiert und aufgeführt.

Das Stück *Pique-nique en campagne* von Arrabal habe ich mit meinem Profilkurs sowohl im Unterricht behandelt als auch parallel dazu in der Theater-AG für eine Aufführung vorbereitet, und zwar sowohl für die übrigen 11. Klassen in deren Französischunterricht und auch für eine Abendvorstellung.

## 8. Schwierigkeiten und Probleme der Theater-AG

Der Arbeitsaufwand für den Spielleiter ist beträchtlich. Ferner ist es gelegentlich schwierig, genügend Schüler zu finden, die neben dem Unterricht noch Zeit und Energie in ein Theaterprojekt investieren können.

Außerdem ist es gelegentlich schwierig, geeignete Stücke zu finden, unter anderem weil das französische Theater Sprechtheater ist, die Handlung liegt oft in der rein verbalen Auseinandersetzung, und es ist nicht immer leicht, die Sprache in Gesten und Bewegungen umzusetzen, so dass Zuschauer mit geringen Französischkenntnissen das Geschehen verstehen können. Auch Wortspiele sind meist schwer zu vermitteln. Deshalb haben wir z.B. dreimal Molière-Stücke ausgewählt, da hier die Handlung in klaren Aktionen und Bildern verdeutlicht werden kann.

## Anmerkung

[1] „Berliner Institut für Lehrerfort- und -weiterbildung und Schulentwicklung", ehemals „Pädagogisches Zentrum", seit 1.7.2000 „Berliner Institut für Schule und Medien"

## Literaturhinweise

Bergfelder-Boos, Gabriele / Melde, Wilma (1992): *Apprendre sur scène! Une approche du théâtre (Sekundarstufe II)*. (Schülerbuch). Berlin: Pädagogisches Zentrum.

Bergfelder-Boos, Gabriele / Melde, Wilma (1992): *Apprendre sur scène! Une approche du théâtre (Sekundarstufe II)*. (Lehrerhandbuch). Berlin. Pädagogisches Zentrum.

Bergfelder-Boos, Gabriele / Melde, Wilma / Mey, Dorothea (1993). *Apprendre sur scène! Le guichet de Jean Tardieu.* (Schülerbuch). Berlin: Pädagogisches Zentrum.

Bergfelder-Boos, Gabriele / Melde, Wilma / Mey, Dorothea (1993). *Apprendre sur scène! Le guichet de Jean Tardieu.* (Lehrerhandbuch). Berlin: Pädagogisches Zentrum.

Bergfelder-Boos, Gabriele / Melde, Wilma / Mey, Dorothea (1996). *Apprendre sur scène. Molière: Le bourgeois gentilhomme.* (Lehrerhandbuch). Berlin: Pädagogisches Zentrum.

Bergfelder-Boos, Gabriele / Melde, Wilma (1996): *Apprendre sur scène! – Eugène Ionesco, La leçon.* Lehrerhandbuch, Französisch Sek II. Berlin: BIL, Berliner Institut für Lehrerfortbildung

Bertrand, Denis / Ploquin, Françoise (Hrsg.) (1988): Littérature et enseignement. La perspective du lecteur. *Le français dans le monde.* Numéro spécial. Mars.

Rattunde, Eckhard (1990): Fernando Arrabals « Pique-nique en campagne ». Vorschläge für eine leserorientierte Behandlung im Französischunterricht. *Die Neueren Sprachen* 89/1: 39-54.

Weinrich, Harald (1979): Von der Langeweile des Sprachunterrichts. In: *Spracharbeit* 2. Goethe-Institut München: 1-21.

# Der Jugendroman in der Mittelstufe – interaktive und prozessorientierte Arbeit mit *Au bonheur des larmes* von Marie-Aude Murail

*Wilma Melde*

## Einleitung

Ich möchte Ihnen die Arbeit mit einem Jugendroman von Marie-Aude Murail vorstellen und zugleich begründen, weshalb ich den Jugendroman für geeignet halte, Schüler an die französische Literatur heranzuführen.

Marie-Aude Murail gehört zu den bekanntesten Kinder- und Jugendbuchschriftstellerinnen Frankreichs. Sie hat eine Vielzahl von Büchern geschrieben, darunter die Serie mit dem Protagonisten Emilien, zu der *Au bonheur des larmes* zählt. Mehrere ihrer Bücher werden bereits als Textausgaben von unseren Schulbuchverlagen angeboten, z.B. *Le hollandais sans peine* und aus der „Emilien"-Serie *Babysitterblues* und *Le trésor de mon père*.

Marie-Aude Murail schreibt nicht nur, sie liest ihre Bücher in Schulen und Bibliotheken vor, und das mit einem beeindruckenden schauspielerischen Talent.

Wir haben die Schriftstellerin in den letzten Jahren zu Lehrerfortbildungen und zu Lesungen an einigen ausgewählten Berliner Schulen eingeladen. Diese Begegnung mit ihr hat uns motiviert, eine weitere Textausgabe für Schüler vorzubereiten und ein Unterrichtskonzept für Lehrer zu entwickeln. Die Planung ist für eine 10. Klasse mit Französisch als zweite Fremdsprache vorgesehen; erprobt wurde sie in Frau Jakwerths Klasse am Fichtenberg-Gymnasium in Steglitz. Die Textausgabe hat der Verlag Diesterweg herausgegeben, und die Lehrerhandreichungen sind beim Raabe-Verlag erschienen.

## Begründung der Textauswahl

Weshalb eignet sich nun der Jugendroman besonders, um Schüler zum Lesen zu motivieren und sie für die fremdsprachliche Literatur zu sensibilisieren?

Ich denke, es sind die Textmerkmale dieser Gattung, die die Begründungen hierfür liefern.

Es sind in erster Linie die Möglichkeiten zur Identifikation, zum Sichwiedererkennen, zum Sichselbstfinden, die die Jugendromane ihren Lesern bieten. Dies erreichen sie durch die Wahl der Protagonisten, die dem Alter der jugendlichen Leser entsprechen, die Darstellung einer Welt, in der sich die Leser wiederfinden, durch den Einsatz von Erzähltechniken, die eine intensive Teilnahme am Erzählgeschehen begünstigen, und durch eine Sprache, die die Sprache der Jugendlichen ist.

Im folgenden möchte ich diese spezifischen Merkmale an dem Roman Au *bonheur des larmes* anhand einer knappen Analyse der grundlegenden narrativen Strukturen aufzeigen. Dabei werde ich die Ebene der *fiction*, der *narration* und der *mise en discours* berücksichtigen, d.h. die Geschichtenstruktur, die Erzähltechniken und die sprachliche Realisierung (vgl. Reuter 1991).

Die Geschichte des Buches enthält wenig von jener Spannung, die in Abenteuer- oder Kriminalromanen durch rasche Handlungsfolgen erzeugt wird. Sie verweist diesen Jugendroman eher in die Nähe von Bildungsromanen, die das Erleben und Verarbeiten bestimmter Lebenserfahrungen in den Mittelpunkt stellen. Hier geht es um die Erfahrungen des Jugendlichen Emilien, die sich auf einen Zeitraum von vier Wochen beziehen. Der Protagonist lebt bei seiner Mutter, die Eltern sind geschieden, und er hat eine Freundin, Martine-Marie. Beide wollen sich als *moniteur* und *monitrice* in einer *colonie de vacances* für 3 bis 7-jährige Kinder in der Bourgogne versuchen. Zum Personenkreis gehören die weiteren *moniteurs*, das sind Jugendliche, sowie die *directrice* und natürlich die zu betreuenden Kinder. Wie in vielen Jugendromanen geht es auch hier um die Identitätsproblematik, um das Thema „geliebt und akzeptiert zu werden". Im Umgang und der Auseinandersetzung mit den anderen in der Gruppe, insbesondere mit Maud, macht Emilien Erfahrungen, die sein inneres Gleichgewicht durcheinander bringen.

Die Beziehungen zu den Kindern, der pädagogische Umgang mit ihnen, nehmen ebenfalls einen großen Raum in der Geschichte und im Denken und Handeln des Protagonisten ein. Emilien stellt beim ersten Gruppentreffen fest, dass er als einziger kein *projet pédagogique* anzubieten hat. Er initiiert Spiele, an denen die Kinder Spaß haben, die aber nicht in ein Konzept organisierter und strukturierter Erziehungstätigkeit passen. Auch mit den behinderten Kindern macht er gegensätzliche Erfahrungen. Er ist glücklich zu sehen, wie Titi, das mongoloide Kind, während des Spiels von den anderen Kindern akzeptiert wird; andererseits ist ihm bewusst, dass es nicht schafft, sich auf das neue autistische Kind einzulassen.

Die Erfahrungen, die Emilien sammelt, und die Probleme, die er zu meistern hat, gehören zur alltäglichen Welt von Jugendlichen. Sie sind so grundsätzlicher Natur, dass sich jeder jugendliche Leser darin wiederfinden kann. Die *colonie de vacances* gehören allerdings zu den frankreichspezifischen Erfahrungen, über die unsere Schüler nicht verfügen. Dieses Defizit im kulturspezifischen Wissen ist bei den didaktisch-methodischen Entscheidungen zu berücksichtigen.

Die Handlungs- und die Zeitstruktur des Romans folgen dem Strukturmuster von *contes et récits* mit fünf großen Sequenzen als deutlichen Handlungsetappen und dem kritischen Höhepunkt im dritten Kapitel. Die Autorin erzählt die Geschichte, die sich zeitlich auf vier Wochen erstreckt, in chronologischer Folge. Das erste Kapitel, das umfangmäßig bereits ein gutes Viertel des Buches ausmacht, erfasst den ersten Abend bei Emilien und die beiden ersten Tage im *centre d'Argilly*. Die Autorin lässt den Lesern viel Zeit, sich in den Protagonisten hineinzuversetzen und die weiteren Figuren, die Jugendlichen und die Kinder, kennenzulernen. Bereits im zweiten Kapitel ist der Rhythmus beschleunigt: Emilien berichtet in einem Brief an seine Mutter, was sich in der *colo* ereignet hat. Dabei konzentriert er sich auf bestimmte Ereignisse, die den folgenden Konflikt ankündigen.

Das dritte Kapitel ist wieder umfangreicher, es enthält spannungsmäßig den Höhepunkt, denn hier kommt der Konflikt offen zum Ausbruch. Das vierte Kapitel deutet die positive Wende in den Beziehungen Emiliens zu den anderen an. Es enthält mit der Erzählung eines Ausflugs mit den Kindern eine abgeschlossene Handlungsfolge.

Mit Beginn des fünften Kapitels könnte das Buch bereits schließen, denn die ersten Kinder, die Emilien liebgewonnen hat, reisen ab; die ersten beiden Wochen sind beendet. Die Geschichte setzt sich fort, sie erzählt die weiteren Erfahrungen, die Emilien mit den neuen Kindern in den nächsten zwei Wochen macht. Hier überwiegen die lustigen Elemente, und Emilien zeigt sich wieder relativ stabil in der Gruppe der Monitoren. Den Abschluss bildet das Abschiedsfest sowie die Aussöhnung Emiliens mit Maud.

Das Verzögern des Schlusses gilt als typisches Merkmal von Jugendromanen. Ottevaere-van Praag, die eine umfangreiche Analyse von europäischen Jugendromanen vorgelegt hat, interpretiert dies folgendermaßen:

> En fait, le rythme narratif doit satisfaire deux pulsions juvéniles, qui lorsqu'elles se matérialisent dans le récit, se contredisent: d'une part, une envie frénétique d'arriver en bout de course pour savoir à quoi les choses aboutissent, de l'autre le désir que l'histoire se poursuive indéfiniment. Refermer un « bon » livre laisse une frustration. Le plaisir si précieux, si formateur, si essentiel de l'identification aux héros tiendra bien sûr d'autant plus longtemps qu'on ne précipite pas les choses. (Ottevaere-van Praag 1997: 116)

Für das gemeinsame Lesen in der Schule birgt die Verzögerung des Schlusses allerdings die Gefahr, dass die Lektüre überdehnt wird. Hier ist, in Abhängigkeit von der Unterrichtssituation, zu entscheiden, ob beschleunigende methodische Verfahren einzusetzen sind.

Der chronologische Verlauf der Handlung ist jedoch von großem Vorteil für den Leseprozess der Schüler. Die Handlung ist hierdurch gut überschaubar und leicht nachzuvollziehen. Der „rote Faden" bleibt erhalten, auch wenn einzelne Teile übersprungen werden. Die Aufmerksamkeit beim Lesen wird nicht durch komplizierte *anticipations* oder *retours en arrière* absorbiert, sie kann somit stärker auf die fremdsprachlichen Verarbeitungsprozesse der unteren Ebenen gelenkt werden.

Auf der Ebene der *narration* sind es die *voix du narrateur* und die *perspective narrative*, die den Identifikationsprozess des jugendlichen Lesers mit dem Protagonisten fördern.

Die Geschichte wird in der Ich-Form erzählt. Die *voix narrative* und die *perspective narrative* fallen somit zusammen, dadurch reduziert sich wiederum die Distanz, die der Erzähler in seiner vermittelnden Funktion zwischen Leser und Protagonisten bewirken könnte. Der jugendliche Leser verfolgt das Geschehen aus der Perspektive des erzählenden Protagonisten. Er fühlt sich direkt angesprochen. Die für

Jugendromane typischen Reflexionen über die eigene Identität eröffnen dem Leser einen direkten Zugang zu den Gedanken und Empfindungen des Helden.

Auf der Ebene der sprachlichen Realisierung, der *mise en discours*, ist es die häufige Verwendung des Dialogs, die dem Leser den Eindruck einer unmittelbaren Teilhabe am Handlungsgeschehen vermittelt.

Die wichtigste Funktion des Dialoges ist, die Distanz zwischen Leser und *personnages* zu reduzieren. Durch den Zeitwechsel d.h. den Sprung ins Präsens, gewinnt der Leser den Eindruck, die Geschichte direkt mitzuerleben. Zugleich wird die auf den Protagonisten fokussierte Perspektive durch weitere unterschiedliche Standpunkte erweitert. Der Wechsel der Perspektiven verstärkt die Aufmerksamkeit und unterstreicht die Vieldeutigkeit des Textes. Die handelnden Personen charakterisieren sich in ihren Gesprächsbeiträgen, die zugleich die Handlung vorantreiben. Marie-Aude Murail verzichtet vollständig darauf, äußere Merkmale der Figuren zu beschreiben. Das Bild, das sich der Leser von ihnen macht, wird ausgelöst durch deren Gesprächsbeiträge und Reaktionen im Handlungsverlauf.

In den Dialogen wird die gesprochene Rede wiedergegeben. Sie unterscheidet sich in Syntax und Wortwahl deutlich von der normierten geschriebenen Sprache. Die Autorin lässt die Jugendlichen und die Kinder in ihrer Sprache sprechen, und hierin ist Marie-Aude Murail eine Meisterin, nicht nur in ihren Büchern, sondern auch im Vortrag.

Die häufige Verwendung von Dialogen und der Alltagssprache, die zu den Merkmalen von Jugendromanen gehört, bringt wiederum Vorteile für den Leseprozess der Schüler. Sie reduziert die sprachlichen Schwierigkeiten, mit denen beim Übergang zu authentischen literarischen Texten zu rechnen ist, und erleichtert somit den Dekodierungsprozess beim Lesen. Überdies wird hiermit ein fließender Übergang von den Lehrwerktexten zu authentischen Ganzschriften hergestellt.

## Didaktisch-methodisches Konzept

Die Textmerkmale, die den Jugendroman auszeichnen, liefern die Basis für die didaktisch-methodischen Überlegungen. Auch wenn die Leseforschung sich bisher noch unzureichend mit der Frage befasst hat, wie die Merkmale eines Textes den Leseprozess steuern (vgl. Ehlers 1998), sollen diese für die Interaktion im Klassenraum, zur Unterstützung des Leseverstehens und zur Förderung und Intensivierung der gemeinsamen Bedeutungsbildung genutzt werden.

Im Mittelpunkt steht die gemeinsame Sinnkonstruktion, die – entsprechend der Zielsetzung des Jugendromans – über den Identifikationsprozess mit dem Protagonisten und der persönlichen Auseinandersetzung mit seiner Situation und seinen Problemen initiiert wird. Die Organisation des Leseprozesses folgt der Chronologie des Handlungsverlaufs und nimmt den Erzählrhythmus der Autorin auf. Die gewählte Erzählperspektive und die sprachlichen Merkmale werden für lesebegleitende Aufgaben genutzt, die den Identifikationsprozess mit dem Protagonisten fördern und eine konstruktive Auseinandersetzung mit seiner Situation anregen.

Zur Vorbereitung und zur Entlastung des Leseprozesses, insbesondere auf den unteren Verarbeitungsebenen, haben wir eine landeskundliche Unterrichtsreihe entwickelt und ein Vokabular zum Roman erstellt.

**Die landeskundliche Unterrichtsreihe zur Vorbereitung der Lektüre**

Die Institution *Colonie de vacances* gibt es in Deutschland nicht. Für deutsche Eltern ist es auch kaum vorstellbar, ihre 3 bis 7-jährigen Kinder für volle zwei Wochen in die Obhut von fremden Menschen zu geben. Hier ist es nötig, auf die unterschiedlichen Traditionen in beiden Ländern einzugehen.

Die landeskundliche Unterrichtsreihe mit dem Titel *Vacances pour les jeunes – les centres de vacances en France* nimmt den thematischen Rahmen des Romans auf und vermittelt das kulturspezifische Kontextwissen, das unseren Schülern fehlt. Sie sorgt damit für den Aufbau der Schemata, die für das Inferieren und Antizipieren im Interpretationsprozess benötigt werden. Die Grundlage bilden authentische Dokumente von den Angeboten des Departement Var in der Provence, sowie Interviews, die Frau Jakwerth mit Jugendlichen und einer Mutter durchgeführt hat. Die Unterrichtsreihe ermöglicht zugleich eine sprachliche und thematische Vorbereitung im Hinblick auf Programmablauf, Aktivitäten und Erfahrungen mit der Arbeit eines *moniteur*.

Die Zusammenstellung des textspezifischen Vokabulars basiert auf den Erprobungserfahrungen in der 10. Klasse. Die Textausgabe bietet es gesondert für jede Textseite als Fußnoten an. Zur Entlastung des Dekodierungsprozesses ist es wünschenswert, dass die Schüler sich vor der Lektüre des Textes damit vertraut machen. Dabei können Verfahren eingesetzt werden, die die Schüler zum selbstständigen Wortschatzlernen anleiten.

**Die Organisation des gemeinsamen Leseprozesses**

Die Organisation des Leseprozesses richtet sich nach dem Erzählplan der Autorin und nutzt die Vorteile, die dieser für die Schüler bringt. Die Lektüre folgt dem chronologischen Ablauf der Handlung. Wir haben nach der Erprobung als Minimum zwölf Unterrichtsstunden eingeplant, d.h. vier Unterrichtswochen. Die Aufteilung auf die Stunden orientiert sich am Erzählrhythmus der Autorin, sie berücksichtigt außerdem den Fortschritt im Leseverständnis der Schüler beim letzten Teil der Lektüre. So sind die ersten drei Stunden, d.h. ein Viertel der gesamten Unterrichtszeit, für das erste Kapitel vorgesehen. Den Schülern/-innen wird Zeit gelassen, sich einzulesen, sich mit der Sprache bekannt zu machen, sich in den Protagonisten hineinzuversetzen und die Beziehungen, die sich innerhalb der Monitorengruppe entwickeln, kennenzulernen. Beim zweiten Kapitel wird das Lesetempo beschleunigt. Für das dritte Kapitel, das mit dem Ausbruch des Konfliktes zwischen Emilien und der Gruppe den Höhepunkt des Spannungsbogens in der Erzählstruktur enthält, stehen wiederum drei Stunden zur Verfügung. Hier sind lesebegleitende Aufgaben vorgesehen, die für den Konflikt sensibilisieren, zur Perspektivenübernahme und zu persönlichen Stellungnahmen auffordern. Dabei wird das Dialogmuster des Buches für Rollenspiele und Simulationen genutzt. Bei den restlichen Kapiteln wird zügiger vorgegangen. Hier wird erwartet, dass die Schüler selbstständig lesen und im arbeitsteiligen Verfahren ausgewählte Abschnitte in der Klasse vorstellen. Das Ende des Romans wird dann wieder gemeinsam gelesen, wobei die Lektüre mit Unterrichtsgesprächen, die zu Antizipationen auffordern, verbunden wird.

**Varianten des gemeinsamen Lesens**

Beim Lesen sind viele Variationen möglich, die die Interaktion im Klassenraum fördern.

- Die Lehrerin liest vor, die Schüler/-innen verfolgen die Lektüre in ihrem Text.

Dieses Verfahren hat den Vorteil, dass sich die Schüler auf den Text konzentrieren können, aber zugleich das Lautbild mit erfassen. Das Leseverständnis wird zudem durch den Vortrag gefördert. Diese Variante ist besonders zu Beginn der Lektüre sinnvoll. Weiterhin kann sie beim Vortrag von Monologen, die zumeist reflexive Passagen enthalten, eingesetzt werden.

- Gemeinsame Lektüre mit verteilten Rollen

Diese Variante bietet sich aufgrund der häufigen Verwendung des Dialogs im Buche an. Sie hat den Vorzug, dass durch die Rollenverteilung die einzelnen Figuren deutlicher aus dem Text hervortreten, lebendiger werden und somit den Identifikationsprozess unterstützen. Überdies können viele Schüler am Vorlesen beteiligt werden.

- Lesen in Partner- oder Gruppenarbeit mit Arbeitsauftrag

Diese Variante bereitet auf das selbstständige Lesen vor. Die Schüler/-innen können die Hilfe des Partners / der Gruppe in Anspruch nehmen, und die Lektüre wird durch den Arbeitsauftrag geleitet. Wird arbeitsteilig vorgegangen, dann kann der gesamte Leseprozess beschleunigt werden.

- Selbstständiges Lesen in Hausarbeit

Diese Variante ist erst gegen Ende der Unterrichtsreihe eingeplant, wenn die Schüler mit dem Text bereits vertraut sind. (Sie kann natürlich auch zusätzlich zur Abkürzung der Lektüre eingesetzt werden.)

**Lesebegleitende Aufgaben zur Vertiefung des Sinnbildungsprozesses**

Der gemeinsame Leseprozess wird von Aufgaben begleitet, die die Aufmerksamkeit der Schüler auf die *personnages* und die Handlungsstruktur lenken sowie zur interaktiven Auseinandersetzung mit den Themen des Romans anregen. Zur Unterstützung des Identifikationsprozesses mit dem Protagonisten eignen sich Verfahren, die zur Übernahme seiner Perspektive auffordern mit dem Ziel, die Gefühle Emiliens, seine innere Verfassung aufzuspüren, seine Handlungsmotive und die Art seiner Beziehungen zu den anderen zu ergründen. Hierfür müssen Lesestrategien wie das Inferieren, Elaborieren und Hypothesenbilden eingesetzt werden, und darüber hinaus ist auch die Phantasie der Schüler gefragt.

**Beispiele**

- Phantasiereisen zu Emiliens Wohnort / zum *Centre de vacances* machen
- Porträts der *moniteurs* erstellen
- Redebeiträge den Personen zuordnen
- Hypothesen zu den Beziehungen innerhalb der Gruppe bilden
- Mögliche Reaktionen innerhalb der Gruppe erfinden
- Emiliens Brief an seine Mutter anhand von Vorgaben schreiben (vor der Lektüre)
- Über Emiliens Reflexionen diskutieren
- Einen *monologue intérieur* des Protagonisten erfinden
- Eine ausgesparte Szene mit dem Protagonisten in einer Simulation darstellen
- Die Auseinandersetzung des Protagonisten mit der Gruppe anhand von Textvorgaben im Rollenspiel improvisieren
- Emiliens Empfindungen und Reaktionen bei der Abreise der Kinder imaginieren.

Daneben gibt es vielfältige weitere Aufgaben, die sich auf den zweiten thematischen Komplex – pädagogischer Umgang mit den zu betreuenden Kindern – sowie auf die Handlungsstruktur richten.

**Beispiele**

- Hypothesen zu Thema und Handlungselementen des Romans auf der Basis des landeskundlichen Wissens bilden
- Die Kinder und ihre Spiele zeichnen und vorstellen
- Die Namen der Briefeschreiber unter den Kindern erraten
- Die Reaktionen der Eltern von Guillaume imaginieren
- Den Tagesausflug (viertes Kapitel) anhand von Textvorgaben (vor der Lektüre) erzählen
- Hypothesen zum Fortgang der Handlung aufstellen
- Beziehungen zwischen Titel und Handlungsverlauf herstellen.

Weitere Aufgaben bzw. Gesprächsimpulse regen die Schüler an, sich persönlich einzubringen und ihre eigene Meinung zu formulieren. Hierbei geht es um Fragen wie die Beziehungen in der Gruppe der Jugendlichen, den Umgang mit Konflikten, die pädagogischen Konzepte der Betreuer, das Verhalten den Kindern gegenüber.

## Die gezielte Unterstützung des Leseprozesses durch den Lehrer / die Lehrerin

Hier sind zwei Verfahren zu nennen, die sich bei der Erprobung als besonders effektiv erwiesen:

- Erstellen eines Textvorverständnisses durch Erzählen oder Phantasiereisen

Ein Vorverständnis des zu lesenden Textabschnittes kann durch ein Unterrichtsgespräch, eine einführende Erzählung und insbesondere durch Phantasiereisen erreicht werden. Die Phantasiereise kann mit Elementen aus der Suggestopädie, z.B. mit Musikbegleitung, erweitert werden. Sie bietet sich an bei der Arbeit mit dem ersten, dem zweiten und dem vierten Kapitel. Der Vorteil dieses Verfahrens liegt darin, dass der Lehrer / die Lehrerin während der Phantasiereise den Inhalt des zu lesenden Textes mit einem Sprachmaterial vermittelt, das den Schülern bereits vertraut ist. Neues Vokabular kann zusätzlich eingeführt und erläutert werden. Lesen die Schüler/innen anschließend den Text, dann sind sprachliche und inhaltliche Schwierigkeiten reduziert, und der Leseverstehensprozess kann zügiger ablaufen.

Die Phantasiereise kann ebenfalls für die Erinnerung eines Textabschnitts zu Beginn des Unterrichts eingesetzt werden. Hiermit wird erreicht, dass für alle Schüler die Lektüre der vergangenen Stunde präsent ist, und zugleich kann das neue Vokabular im Textzusammenhang wiederholt werden.

- Erklären und Paraphrasieren von unbekanntem Sprachmaterial

Das zweite Verfahren hat das Ziel, sprachliche Schwierigkeiten beim Lesen gezielt zu reduzieren. Hier geht es um den neuen Wortschatz und schwierige Strukturen. Der Lehrer betätigt sich direkt während des Lesens als eine Art *ghostspeaker*. Er erklärt und erläutert mit leiser Stimme oder auch durch Mimik und Gestik, paraphrasiert manchmal, ohne jedoch die Lektüre zu unterbrechen. Auch hier handelt es sich um Anleihen aus der Suggestopädie.

## Die Aufnahme des Romans durch die Schüler/innen

Der Protagonist dieses Jugendromans ist männlich. Zu erwarten wäre, dass sich die Jungen mit ihm besonders identifizieren können. Die Einstellungen der Schüler und Schülerinnen in der Erprobungsklasse bestätigten diese Annahme nicht. Es waren insbesondere die Mädchen, die sich sehr positiv zu den Figuren und den Themen des Romans äußerten, die Jungen hingegen wünschten sich eine handlungsreichere und vor allem spannendere Geschichte. Marie-Aude Murails „Emilien" entspricht nicht den geschlechtsspezifischen Rollenklischees - und sollte deswegen gerade auch den Jungen angeboten werden.

## Literaturhinweise

Caspari, Daniela (1995): *Kreative Verfahren im fremdsprachlichen Literaturunterricht*. Berlin: Institut für Lehrerfort- und -weiterbildung.

Ehlers, Swantje (1998): *Lesetheorie und fremdsprachliche Lesepraxis aus der Perspektive des Deutschen als Fremdsprache.* Tübingen: Narr.

HeLP (1999): *LESartEN. Kinder- und Jugendbücher im Französischunterricht. Sekundarstufe I und II.* Wiesbaden: Hessisches Landesinstitut für Pädagogik. (Französisch 139.)

Jakwerth-Reyer, Edeltraud / Melde, Wilma (2000): *Vacances pour les jeunes – les colonies de vacances en France.* Landeskundliches Unterrichtskonzept für die Sekundarstufe I. Stuttgart: Raabe.

Kahl, Detlev (1994): Die authentische Ganzschrift ohne Mühe: Le hollandais sans peine. *Fremdsprachenunterricht* 4: 19-23.

Melde, Wilma / Jakwerth-Reyer, Edeltraud (2000): *Marie-Aude Murail „Au bonheur des larmes".* Unterrichtskonzept für die 10. Jahrgangsstufe. Stuttgart: Raabe.

Murail, Marie-Aude (1995): *Le trésor de mon père.* Stuttgart: Klett. (Schulausgabe.)

Murail, Marie-Aude (1996): *Baby-sitter blues.* Stuttgart: Klett. (Schulausgabe.)

Murail, Marie-Aude (2000): *Au bonheur des larmes.* Frankfurt a. M.: Diesterweg. (Schulausgabe.)

Ottevaere-van Praag, Gunna (1997): *Le roman pour la jeunesse.* Approches – Définitions – Techniques narratives. Bern u.a.: Lang.

Reuter, Yves (1991): *Introduction à l'analyse du roman.* Paris: Bordas.

# Luis Sepúlveda: *Un viejo que leía novelas de amor* - Die Notwendigkeit landeskundlichen Kontextwissens für das Verstehen eines lateinamerikanischen Romans

*Catharina Herbst*

## Einleitung

Gegenstand des Unterrichtsentwurfs ist der Roman *Un viejo que leía novelas de amor* (dt. *Der Alte, der Liebesromane las*) von Luis Sepúlveda, einem chilenischen Schriftsteller, der nach der Machtübernahme Pinochets ins Exil ging, u.a. nach Ecuador, wo er einige Zeit im Regenwald verbrachte. Sepúlveda setzt sich seit Jahren aktiv für den Umweltschutz ein. Mit seinem Buch *El viejo que leía novelas de amor* versucht er, auf die Ausbeutung und Zerstörung des tropischen Regenwaldes durch Besiedlung und Tourismus aufmerksam zu machen.

Der Unterrichtsentwurf ist gedacht für einen Leistungskurs 12/2 oder 13/1 mit Beginn des Spanischunterrichts in Stufe 9. Der Umfang der Einheit beträgt 20 Stunden.

## Theoretische Grundlagen

Die Behandlung von Literatur im Fremdsprachenunterricht kann zum Verständnis anderer Kulturen beitragen, über die Geschichte der jeweiligen Kultur und über Werte von einzelnen Mitgliedern oder Gruppen anderer Kulturen informieren. Somit trägt das Lesen fremdsprachlicher Texte nicht nur zur Verbesserung des sprachlichen Könnens, sondern auch zum interkulturellen Lernen bei, das gerade bei der Behandlung lateinamerikanischer Literatur einen hohen Stellenwert einnimmt.

Der Unterrichtsentwurf stützt sich auf die Rezeptionstheorie und die kognitive Leseforschung. Die Rezeptionstheorie geht davon aus, dass jeder Leser unterschiedliche Erfahrungen in den Verstehensprozess einbringt und es somit zu individuell unterschiedlichen Interpretationen eines Textes kommen kann. Die Schüler setzen sich intensiv mit dem Text auseinander und erfahren durch die Anerkennung verschiedener Interpretationsmöglichkeiten, dass das Verständnis eines Textes durch Vorwissen, Erfahrungen und Wertvorstellungen geprägt ist. Der Austausch von Wahrnehmungen und Ansichten unter den Lernenden und mit dem Lehrenden bietet eine gute Möglichkeit, Auffassungen und Assoziationen zu hinterfragen.

Aufgrund des hohen Schwierigkeitsgrades muss gerade bei authentischen Texten darauf geachtet werden, dass den Schülern bewusst wird, wieviel ihres sogenannten *Weltwissens* sie beim Verstehen eines Textes anwenden können, indem man sie dazu motiviert, unbekannte Teile eines Textes aus dem Kontext zu erschließen. Im Gegensatz zu Lehrbuchtexten ist in authentischen Texten ein hohes Maß an Redundanzen und impliziten Informationen vorhanden, die dieses Verstehen aus dem Kontext erleichtern (vgl. Wolff 1990: 623).

Außerdem ist es bei vielen literarischen Texten, insbesondere den lateinamerikanischen, notwendig, Kenntnisse der Landeskunde zu besitzen, um den kulturspezifischen Inhalt zu verstehen. Dieter Wolff hat die Bedeutung des Weltwissens im Zusammenhang mit dem Fremdsprachenunterricht erörtert. Er betont, dass das Weltwissen eines Zweitsprachenlerners anders ausgebildet ist als das des Muttersprachlers und besonders im kulturspezifischen Bereich Defizite aufweist. Texte können jedoch nur adäquat gelesen werden, wenn das nötige kulturelle Hintergrundwissen vorhanden ist (vgl. Wolff 1990 und 1995).

Bei diesem Unterrichtsentwurf wird davon ausgegangen, dass ein großer Teil dieses Hintergrundwissens vor der Lektüre erst erworben werden muss. Der Erwerb dieses benötigten landeskundlichen Wissens wird als Projektarbeit geleistet. Diese Arbeitsform ermöglicht ein intensives Gespräch zwischen den Schülern und nutzt anders als beim lehrerzentrierten Unterricht das Phantasiepotential eines jeden. Die Schüler lernen außerdem, sich auf der Sach- und Beziehungsebene auseinanderzusetzen und die gruppenspezifischen Prozesse zu durchschauen (vgl. Klink 1987: 153).

## Unterrichtsentwurf zu *Un viejo que leía novelas de amor*

*Un viejo que leía novelas de amor* spielt im ecuadorianischen Regenwald. Der Roman gliedert sich in Rahmenhandlung und Rückblenden. Die Rahmenhandlung beschreibt die Jagd nach einem Ozelotweibchen (Raubkatzenart), welches Menschen tötet, um sich für den Mord an ihren Jungen zu rächen. Jedoch sind es die Rückblenden, die den Hauptteil der Erzählung bilden. Sie machen den Leser mit der Geschichte des Protagonisten, im Roman *der Alte* genannt, und seinem Leben im Regenwald vertraut. *Der Alte* stammt aus den Bergen, hat jedoch einen ungewöhnlich großen Erfahrungsschatz im Umgang mit Tieren und Pflanzen des Regenwaldes, da er lange bei einer Amazonasethnie, den Shuara, gelebt hat. Aufgrund eines kulturellen Missverständnisses wird er jedoch von den Shuara verstoßen. Er kehrt zurück in das Siedlerdorf am Ufer eines Nebenarmes des Amazonas, in dem er einst mit seiner Frau vergeblich versucht hatte, eine neue Heimat zu finden. Als einsamer, alter Mann entdeckt er das Gegenmittel gegen das *Gift des Alterns* - er beginnt Liebesromane zu lesen. Diese Leidenschaft ermöglicht es ihm, den Erinnerungen und der grausamen Realität, die ihn umgibt, zu entfliehen. Aufgrund seiner genauen Kenntnisse des Regenwaldes wird er eines Tages von den Siedlern gebeten, an der Jagd auf die Raubkatze teilzunehmen. Die Geschichte gipfelt in den spannenden Szenen einer Jagd, in der die Würde des Ozelot über die Menschen triumphiert. Die Hauptthemen des Romans sind das Leben im Regenwald und der Kampf eines alten Mannes gegen die Zerstörung der Natur durch die Zivilisation.

Der Roman hat einen hohen landeskundlichen Bezug und die spannende Erzählweise kann die Schüler motivieren, mehr über den Regenwald erfahren zu wollen. Außerdem ermöglicht der Text dem Leser aus unserem Kulturkreis einen Einblick in eine vollkommen fremde Wirklichkeit und bietet viele Anregungen zur Kommunikation.

Problematisch sind jedoch die hohen sprachlichen Anforderungen, die den Text nur für einen fortgeschrittenen Spanischkurs geeignet scheinen lassen. Ein Schwerpunkt liegt auf der Landeskunde Lateinamerikas, deren Vermittlung im Lehrplan vorgesehen ist und deren Behandlung für das Verständnis des Romans notwendig ist.

Bei der Vorbereitung der Unterrichtseinheit wurden Anregungen aus dem Lehrerhandbuch von Doris Lessig (1997) aufgenommen. Es bietet eine breite Auswahl an Texten zur Arbeit mit dieser Lektüre und Inhaltsfragen, die den Schülern in dieser Unterrichtseinheit als Vorentlastung zum Verständnis der einzelnen Kapitel dienen sollen.

Ziel der Unterrichtseinheit ist die Erweiterung des aktiven und passiven Sprachwissens und der Erwerb landeskundlicher Kenntnisse über den Regenwald und seine Bevölkerung. Die Schüler werden sensibilisiert für die Ungerechtigkeiten, die im Laufe der Zeit diesem Teil der Bevölkerung widerfahren sind, und werden sich bewusst, dass der Zerstörung des Regenwaldes nicht nur aus unserem eigenen Interesse Einhalt geboten werden muss, sondern auch im Interesse dieser Völker. Die Geschichte kann bei entsprechender Behandlung Emotionen wie Empathie mit dem Schicksal der indigenen Bevölkerung Amazoniens in den Schülern wachrufen und zum Nachdenken über die Zerstörung des Regenwaldes anregen. Außerdem kann das Buch Interesse für die moderne lateinamerikanische Literatur wecken.

Pragmatische Ziele sind der Methodenerwerb von Techniken wie dem Analysieren, Interpretieren, Kommentieren, Diskutieren und der Weitervermittlung von erworbenem Wissen in Form von Vorträgen oder Wandzeitungen.

Die Unterrichtseinheit ist in drei Blöcke gegliedert - die Phase der Vorbereitung, die Phase der Arbeit mit der Lektüre und eine kurze Phase der Auswertung.

Zu Beginn der Unterrichtseinheit wird ein Projekt zum Thema *La selva* (Der Regenwald) durchgeführt, um das für das Verständnis des Romans notwendige Vorwissen zu erarbeiten. Da der Regenwald ein aktuelles Thema ist, können die Schüler Kenntnisse einbringen, die sie aus anderen Kursen, aus Filmen und/oder aus Zeitungsartikeln gewonnen haben. Eine Zusammenarbeit mit einem Geographie- oder Biologiekurs wäre denkbar. Zur Einstimmung auf das Thema wird den Schülern eine Kassette mit Geräuschen aus dem Dschungel vorgespielt (*Sounds of the Jungle*). Über die beim Hören geweckten Assoziationen erfolgt die Hinführung zum Thema.

Für die Projektarbeit werden die Schüler angehalten, in einem Unterrichtsgespräch über bereits vorhandenes Wissen Projektthemen zu finden. Dieses Unterrichtsgespräch wird mit Bildern vom Regenwald, seinen Bewohnern und seiner Zerstörung unterstützt z.B. aus: Spahni / Moser u.a. (1986). Ziel soll ein Tafelbild sein mit unterschiedlichen Aspekten, die alle mit dem Regenwald in Beziehung stehen und die in Projektthemen umgesetzt werden sollen. Der Lehrende muss darauf achten, dass die gewählten Bereiche zum besseren Verständnis des Romans beitragen.

Geeignete Themen wären:

1. *La geografía del Ecuador y su población*
2. *El precio del desarollo y de la industrialización*
3. *Plantas y animales de la selva amazónica*
4. *La destrucción de la selva*

Gemeinsam wird überlegt, welche Schüler in Gruppen welche Themen bearbeiten. Als Material zur Bearbeitung der Projekte eignen sich Texte aus dem Lehrerhandbuch von Lessig und andere Texte, z.b. aus dem APA-Guide *Ecuador* oder der Geo-Spezial-Ausgabe *Amazonien*.

Die vorgeschlagenen Texte sollen zur Unterstützung dienen, die Schüler werden jedoch angehalten, selbst Informationsmaterial zu suchen.

Die Aufgabe der einzelnen Gruppen besteht darin, ihr Projekt in Form eines Vortrages oder in Form einer Wandzeitung in Spanisch ihren Mitschülern zu präsentieren. Als Hilfe sollte von jeder Gruppe eine Vokabelliste mit schwierigem oder neuem Vokabular und bei einem Vortrag eine kurze Zusammenfassung in Form von Stichpunkten an die Mitschüler ausgehändigt werden.

Die Projekte dienen als Einstimmung auf die Lektüre und zur thematischen und lexikalischen Vorentlastung.

Für die Vorbereitungsphase sind sieben Unterrichtsstunden vorgesehen.

Nach dieser thematischen Hinführung und sprachlichen Vorentlastung beginnt die Lektüre des Romans. Die Schüler bereiten die einzelnen Kapitel zu Hause vor. Da es eine Fülle von unbekannten Wörtern gibt, wird für jedes Kapitel eine Vokabelliste mit schwierigem Vokabular ausgehändigt.

Die Auseinandersetzung mit dem Roman geschieht anhand von unterschiedlichen Aufgaben.

So bekommen die Schüler für die ersten beiden Kapitel, die den Konflikt zwischen dem Alten und dem Bürgermeister des Dorfes darstellen, den Auftrag, in Zeitungen oder Büchern nach einem Bild zu suchen, das ihrer Vorstellung vom Alten oder vom Bürgermeister entspricht. Sie begründen ihre Wahl vor der Klasse. Individuelle Vorstellungen werden in der Klasse diskutiert, damit die Schüler erkennen, dass das Verständnis eines literarischen Textes sehr unterschiedlich ausfallen kann.

Das dritte Kapitel hat einen hohen landeskundlichen Bezug und wird deshalb am ausführlichsten behandelt. Zur Verständniserleichterung bekommen die Schüler Textauszüge über die Shuara (Müller 1995). In diesem Unterrichtsabschnitt wird den Schülern der Unterschied zwischen den Hochland- und Tiefland-*indígenas* Ecuadors bewusst gemacht. Obwohl beide Gruppen in diesem kleinen Land leben, wissen sie nur wenig voneinander. Die Unterschiede werden anhand von Bildern verdeutlicht. Die Frage eines Shuaras an den Alten, ob die Affen in den Bergen auch Ponchos tragen, soll zu einem Unterrichtsgespräch über die Naturethik der Indigenas anregen (dabei wird auf die Einheit mit der Natur und auf den Glauben an Geister eingegangen). Nachdem die Schüler in diesem Abschnitt einen tieferen Einblick in das Leben der Shuara gewonnen haben, sollen sie nun in Paararbeit ein Mitglied eines realen oder eines fiktiven Stammes des Amazonas skizzieren und eine (reale oder fiktive) Besonderheit im Leben des Stammes beschreiben. Die einzelnen Gruppen stellen „ihren" Ureinwohner den anderen vor.

Das vierte Kapitel eignet sich, um den Unterricht mit zwei Szenen aus dem Film *Die lustige Welt der Tiere* aufzulockern. In ihm wird eine Jagdmethode eines Stammes der Kalahari-Wüste gezeigt, die auch von dem Alten in dem Roman angewendet wird. Zum einen unterstützt diese Szene das Textverständnis, zum anderen ist es sehr interessant zu sehen, dass in Afrika die gleiche ausgefallene Jagdmethode wie in Südamerika bekannt ist. Vielleicht wissen die Schüler von anderen außergewöhnlichen Gemeinsamkeiten unterschiedlicher Kulturen.

Das fünfte Kapitel eignet sich für einen weiteren Kulturvergleich anhand der Wahrnehmung von Schnee. Schnee übt auf den Alten eine große Faszination aus. Lessig schlägt vor, den Schülern als Ergänzung zu diesem Kapitel einen Textausschnitt aus *Cien años de soledad* von Gabriel García Márquez zu geben, in dem die Faszination eines kleinen Jungen aus dem kolumbianischen Tiefland beschrieben wird, als er zum ersten Mal in seinem Leben Eis sieht. Nach der Lektüre dieses Textes schreiben die Schüler über eine Naturerscheinung (Lessig 1997: 73-74), die sie in ähnlicher Weise fasziniert hat. Wenn Natur auf sie keine Wirkung hat, sollen sie versuchen, Erklärungen dafür zu finden. Die Texte regen zu einem Gespräch über unterschiedliche Naturbetrachtungen innerhalb der Gruppe an.

Auch zum Thema Regen wird zusätzlich der kurze Auszug aus *Cien años de soledad* über den vierjährigen Regen gelesen, den Lessig vorschlägt. Um den Schülern die schaffende aber auch zerstörerische Kraft des Regens in den Tropen bewusst zu machen, werden noch andere kurze Texte hinzugezogen: *Monólogo de Isabel viendo llover en Macondo* (Lessig 1997: 75-76) und die mythischen Entstehungsgeschichten über die Wolken, den Wind, den Regen und den Regenbogen aus *Memorias del fuego - Los nacimientos* von Eduardo Galeano.

Die Schüler überlegen sich nach dieser Lektüre, was in Deutschland passieren würde, wenn es nicht mehr aufhören würde zu regnen, oder sie denken sich in Anlehnung an Galeanos Mythen eine Geschichte zur Entstehung einer Naturerscheinung aus (z.B. des Donners, des Blitzes, des Schnees oder des Hagels). Bei der zweiten Schreibaufgabe wird sich zeigen, inwieweit die Schüler bereit sind, aus der Perspektive der indigenen Bevölkerung zu schreiben, die eher nach mythischen als nach naturwissenschaftlichen Erklärungen für die Entstehung von Naturerscheinungen sucht. Haben die Schüler durch das Buch einen Zugang zu dieser für sie fremden Perspektive gefunden? Die Texte werden in der Klasse verglichen.

Das sechste Kapitel regt zu einer Diskussion über die Folgen des Tourismus an, wie die Veränderung der einheimischen Kulturen und die Zerstörung der Umwelt. Ein Diskussionsthema wäre, was man gegen die Folgen unternehmen könnte bzw. ob man überhaupt etwas dagegen unternehmen sollte, wie z.B. den Touristen zu verbieten, in bestimmte Gebiete einzudringen. Die Schüler formulieren in Gruppen ein Informationsblatt, in dem sie den Besuchern des Amazonasgebietes Verhaltenshinweise geben. Bei diesem Informationsblatt können sie Kenntnisse anwenden, die sie aus dem Roman gewonnen haben.

Die letzten beiden Kapitel des Romans lesen die Schüler selbstständig in Hausarbeit. Man kann davon ausgehen, dass die Geschichte spannend genug ist, um das Interesse am Ausgang der Geschichte in allen geweckt zu haben.

Den Abschluss bildet ein Unterrichtsgespräch, in dem sich die Schüler darüber äußern, welchen Eindruck das Buch in ihnen hinterlassen hat, ob es sie zum Nachdenken angeregt hat und ob sie es weiterempfehlen würden und wenn ja, warum. Außerdem sollen Methoden und Ergebnisse der Unterrichtseinheit in der Klasse thematisiert werden.

Ich denke, die vorgeschlagene Behandlung von *Un viejo que leía novelas de amor* kann den Schülern sehr viel Spaß bereiten. Es ist jedoch darauf hinzuweisen, dass das hohe sprachliche Niveau des Romans den Versuch scheitern lassen kann, wenn nicht genügend Arbeit vor der Lektüre zur Vorbereitung auf den Lesestoff eingeplant wird. Ein Erfolg wäre es, wenn durch diese Unterrichtseinheit in einigen Schülern der Mut und die Motivation für die Lektüre von lateinamerikanischen Romanen und das Interesse an Lateinamerika geweckt wird.

## Literaturhinweise

### Theoretische Grundlagen

Altmann, Werner / Vences, Ursula (Hrsg.) (2000): *América Latina en la enseñanza del español - ¿Encuentro o encontronazo?* Berlin: edition tranvía.

Bredella, Lothar (Hrsg.) (1995): *Verstehen und Verständigung durch Sprachenlernen?* Dokumentation des 15. Kongresses für Fremdsprachendidaktik. Bochum: Brockmeyer.

Bredella, Lothar (2000): Fremdverstehen mit literarischen Texten. In: Bredella, Lothar u.a. (Hrsg.): 133-163.

Bredella, Lothar u.a. (Hrsg.) (2000): *Wie ist Fremdverstehen lehr- und lernbar?* Vorträge aus dem Graduiertenkolleg 'Didaktik des Fremdverstehens'. Tübingen: Gunter Narr.

Ehlers, Swantje (1999): Zum Wandel in der Lesetheorie und seine Folgen für die Fremdsprachendidaktik. In: *Zeitschrift für Fremdsprachenforschung* 10/2 (1999): 177-207.

Haefner, Gerhard (1998): Rezeptionsästhetik. In: Nünning, Ansgar (Hrsg.): 107-118.

Joppich, Karl-Heinz (Hrsg.) (1987): *Literatur im Spanischunterricht.* Beiträge zur Behandlung literarischer Themen im Spanischunterricht der Sekundarstufe II. Bonn: Romanistischer Verlag. 2. Aufl.

Klink, Hella (1987): Kreativer Umgang mit literarischen Texten. In: Joppich, Karl-Heinz (Hrsg.): 30-59.

Lessig, Doris (1997): *Un drama en la selva amazónica.* Materialien zu Un viejo que leía novelas de amor von Luis Sepúlveda. Bonn: Romanistischer Verlag. (Hispanistik in Schule und Hochschule 28.)

Nünning, Ansgar (Hrsg.) (1998): *Literaturwissenschaftliche Theorien, Modelle und Methoden. Eine Einführung.* Trier: WVT.

Schrader, Heide (1996): *Von Lesern und Texten. Fremdsprachendidaktische Perspektiven des Leseverstehens.* Hamburg: Verlag Dr. Kovač.

Strickstrack-García, Roswitha (1995): Literatur im neubeginnenden Spanischunterricht: Probleme und Möglichkeiten. *Hispanorama* 70: 115-127.

Weber, Hans (1990): Textverarbeitung im fremdsprachlichen Unterricht. *Die Neueren Sprachen* 89/6: 545-562.

Wolff, Dieter (1990): Zur Bedeutung des prozeduralen Wissens bei Verstehens- und Lernprozessen im schulischen Fremdsprachenunterricht. *Die Neueren Sprachen* 89/6: 610-625.

Wolff, Dieter (1995): Angewandte Psycholinguistik und zweitsprachliches Verstehen. In: Bredella, Lothar (Hrsg.): 67-86.

**Unterrichtsmaterial**

Sepúlveda, Luis (1989): *Un viejo que leía novelas de amor.* Barcelona: Tusquets.

**1. Ergänzende lateinamerikanische Literatur:**

Galeano, Eduardo (1984): *Memorias del fuego.* México: Siglo XXI ed.

García Márquez, Gabriel (1967): *Cien años de soledad.* Barcelona: Plaza & Janes.

García Márquez, Gabriel (1987): Monólogo de Isabel viendo llover en Macondo. In: García Márquez, Gabriel (1987): *Todos los cuentos.* Bogotá: Oveja Negra: 82 ff.

Icaza, Jorge (1979): *Huasipungo.* Barcelona: Plaza & Janes.

Vargas Llosa, Mario (1987): *El hablador.* Barcelona: Seix Barral.

**2. Sachliteratur:**

Falkenberg, Wolfgang (1996): *Ecuador und Galápagos.* Von den Galápagosinseln bis zum Amazonasbecken. Hohenthann: Reise Know-how Verlag Därr. 2. Aufl.

Geo-spezial (1994): *Amazonien.* Hamburg: Gruner +Jahr AG & Co.

Moser, Rudolf / Spahni, Jean-Christian (1986): *Indianer Südamerikas.* Zürich: Silva-Verlag.

Müller, Wolfgang (1995): *Die Indianer Amazoniens.* München: C. H. Beck.

# Faszination des Andersartigen: Frauen im Spannungsfeld interkultureller Konflikte, dargestellt am Roman *Heat and Dust* von Ruth Prawer Jhabvala

*Romie Krebs*

*1995/96 wurde unter 400 Anglistikstudenten der Universität Köln eine Umfrage zum Stichwort 'Uniformität der Schullektüre' durchgeführt mit dem Ziel, die Einführung neuer Texte im Englischunterricht zu begründen. Die Umfrage bestätigte, dass der englische Lektürekanon sowohl der Schulen als auch der Universitäten überholt ist und sich v.a. für die durchaus vorhandene Vielfalt der zeitgenössischen amerikanischen Literatur und der New English Literatures kaum geöffnet hat. Dazu kommt, dass Frauen als Autorinnen nicht sichtbar sind. Gewinnt der Schüler, die Schülerin also den Eindruck, dass englische Texte primär in England von Männern produziert werden? Mit „Heat and Dust" ist 1975 ein Roman erschienen, der nicht in dieses Bild passt. Ruth Prawer Jhabvala verarbeitet literarisch die Problematik von interkulturellen Beziehungen am Beispiel zweier Engländerinnen in Indien. Nicht nur die Desillusionierung einer Faszination wird erreicht, sondern es werden auch Lebensbereiche angesprochen, die die heutigen Schüler/innen direkt betreffen: ein mutiges und für die Behandlung im Unterricht empfehlenswertes Buch.*

## 1. Die besondere Eignung von *Frauenliteratur* für den Fremdsprachenunterricht

Bei dem Begriff *Frauenliteratur* handelt es sich um literarische Erzähltexte, die von Frauen verfasst sind und in denen weibliche Personen im Handlungsmittelpunkt stehen. Die Themen solcher Texte gelten gewöhnlich vorwiegend als frauenspezifisch, z.B. weibliche Sozialisation, Liebe, Ehe, Schwangerschaft, Geburt, etc. Entscheidend bei der Einbeziehung von Frauenliteratur in den Unterricht ist sicherlich der Vorteil, dass alltägliche Problemsituationen, wie sie u.a. aus Spannungen zwischenmenschlicher Beziehungen resultieren, aus der Sicht von Frauen und ohne Rücksicht auf Tabuisierung thematisiert werden. Das Erkennen einer Notwendigkeit gesellschaftlicher Veränderungen setzt zunächst Bewusstseinsveränderungen voraus, und nach Ansicht von Natascha Würzbach „beginnt eine Bewusstseinsveränderung im Hinblick auf die virulent gewordene Geschlechterproblematik auch ein pädagogisches Anliegen der Schule zu werden" (Würzbach 1996: 71).

## 2. Ruth Prawer Jhabvala: Die Autorin und ihr Werk

Warum nun der Vorschlag, ausgerechnet einen Text von Ruth Prawer Jhabvala im englischen Literaturunterricht zu behandeln? Jhabvalas Werke drehen sich fast ausschließlich um Wahrnehmungen und Erfahrungen englischer Frauen, die mit einem für sie neuen Kulturkreis in Kontakt geraten. Wie bereits in früheren Texten gibt die Autorin auch durch diesen Roman zu erkennen, dass der zunächst Faszination hervorrufende Kontakt mit dem indischen Kulturkreis den Europäer letztendlich vor die Konfrontation mit seinem Selbst stellt:

> There is a cycle that Europeans – by Europeans I mean all Westerners, including Americans – tend to pass through. It goes like this: first stage, tremendous enthusiasm – everything Indian is marvellous; second stage, everything Indian not so marvellous; third stage, everything Indian abominable. For some people it ends there, for others the cycle renews itself and goes on. I have been through it so many times that now I think of myself as strapped to a wheel that goes round and round and sometimes I'm up and sometimes I'm down. (Jhabvala 1987: 13)

Im Mittelpunkt des Romans stehen die Erlebnisse zweier junger Engländerinnen in Indien. Olivia gelangt Anfang des 20. Jahrhunderts als Ehefrau des Verwaltungsbeamten Douglas Rivers in das britische Kolonialreich. Während Douglas pflichtbewusst seinen Tätigkeiten als *civil servant* nachgeht, schleichen sich nach einer anfänglichen Phase euphorischen Einlebens Trübsal und soziale Isolation in Olivias Alltag ein. Ihre Stimmung ändert sich, als sie sich anlässlich einer üppigen *dinner party* im benachbarten Palast des indischen Fürsten zu den exotischen Reizen des Abends und des Gastgebers selbst hingezogen fühlt. Es bahnt sich ein Verhältnis an; Olivia wird schwanger, zweifelnd, ob ihr Ehemann oder der Fürst Vater des Kindes ist. Heimlich unterzieht sie sich einer schmerzhaften, landesüblichen Abtreibung. Sie erkrankt und der behandelnde britische Arzt entlarvt sie. Sie flieht zum Palast. Der Fürst vermacht ihr ein abgelegenes Haus in den Bergen, wo sie bis zu ihrem Tode lebt.

50 Jahre später (in den 60er/70er Jahren) begibt sich die Enkelin Douglas Rivers' und dessen zweiter Frau nach Indien, um dort vor Ort Olivias für die damalige Zeit skandalöse Geschichte anhand von Briefen, die Olivia einst an ihre in Europa lebende Schwester schrieb, nachzuvollziehen. Als *narrator* versetzt sie sich so nicht nur unmittelbar in die Gedanken- und Empfindungswelt Olivias, sondern zeichnet gleichzeitig als Ich-Erzählerin ihre eigenen Erfahrungen im indischen Kulturraum in Form von Tagebucheinträgen auf. Im Laufe ihrer Nachforschungen geht auch sie eine Beziehung mit einem Inder ein und wird schwanger. Im Gegensatz zu Olivia entscheidet sie sich jedoch dafür, das Kind zur Welt zu bringen und begibt sich dazu in die Gemeinschaft eines Ashrams.

Der Roman bietet neben seiner thematischen Aktualität und der lebhaften Darstellung der Charaktere vielfältige Möglichkeiten, Schülerinnen und Schülern

> an einem konkreten Beispiel die Begrenztheit der eurozentrischen Sehweise vor Augen zu führen. Die bisweilen kritisierte Beschränkung Jhabvalas auf die Perspektive der europäischen Figuren erweist sich aus didaktischer Sicht als Glücksfall, weil sie Lernende geradezu auffordert, sich in die nicht in Form von Innensicht dargestellte Denkweise der indischen Figuren hineinzuversetzen (Nünning 1994: 61).

Ich möchte nun exemplarisch aufzeigen, inwiefern sich *Heat and Dust* für die Bearbeitung im Unterricht unter dem Gesichtspunkt der Frauenliteratur eignet, und mit Hilfe welcher methodischen Verfahrensweisen sich der Roman vor allem für den affektiven Lernzielbereich erschließen lässt.

## 3. Didaktische Relevanz des Romans und methodische Vorschläge für den Unterricht

Als Ganzschrift eignet sich *Heat and Dust* geradezu musterhaft für die Behandlung im Literaturunterricht, da dieser Roman den Schülerinnen und Schülern nicht nur eine Menge Detailwissen über den indischen Kulturkreis vermitteln kann, sondern auch viele Möglichkeiten bietet, Stellung zu nehmen zu spannungsgeladenen Dialogen oder Konfliktsituationen. Bei der Wahl der Charaktere handelt es sich in Jhabvalas Roman(en) meist um einen gesellschaftlichen Querschnitt aus beiden Kulturen. So gewährt sie den Leserinnen und Lesern abwechslungsreiche Einblicke in eine Vielzahl von „Typen" aus der Zeit vor und nach der politischen Unabhängigkeit Indiens. Sicherlich arbeitet Jhabvala durch den Einbau dieser „Typen" mit Klischees (Stereotypen), jedoch ist es gerade diese Tatsache, die den Roman für den Unterricht so fruchtbar macht, denn der gegenseitige Umgang mit derartigen Stereotypen soll Bestandteil im Prozess der Suche nach der fremden und der eigenen Identität sein.

Von den vielen Textstellen, die sich vor diesem Hintergrund zur Bearbeitung im Unterricht eignen würden, möchte ich exemplarisch einige wenige herausgreifen und thematisch vorstellen.

### 3.1 Gratwanderung zwischen Faszination und Desillusion

Es besteht kein Zweifel daran, dass Indien und sein kultureller Reichtum auf die Menschen der westlichen Welt (Europa, Amerika) eine Faszination ausüben kann, die sicherlich in der Andersartigkeit und Exotik dieses Subkontinents begründet liegt. Aus heutiger Sicht schwärmt der Tourist in erster Linie von der Liebenswürdigkeit seiner Einwohner, den paradiesisch anmutenden Landschaften, den kulturellen Sehenswürdigkeiten in Form von Tempeln und Palästen, den kulinarischen Genüssen, den Düften, Klängen, etc. Verschwiegen werden dabei die politisch-religiös motivierten Unruhen, die Umweltkatastrophen, die bittere Armut, die Hitze, der Gestank in den Städten, etc., Faktoren also, die so manche schöne Vorstellung von diesem fernen Land relativieren (helfen).

Nun ist Aufgabe und Lernziel des Unterrichts, auf diesen Sicht- bzw. Perspektivenwechsel aufmerksam zu machen und die Schülerinnen und Schüler für die Frage zu sensibilisieren, wie es um die Verhältnisse in einem Land, das einst britische Kolonie war, wirklich stand und steht. Am Beispiel Olivias, der jungen, gerade in Indien eingetroffenen Frau eines britischen Kolonialbeamten, lässt sich die Diskrepanz zwischen ihren an Indien gestellten Erwartungen und dem tatsächlichen Alltagsgeschehen deutlich ablesen. Kurz nach ihrer Ankunft nimmt sie mit Enthusiasmus an einer Einladung im Palast des indischen Prinzen (Nawab) teil. Sie ist fasziniert von der Pracht der Veranstaltung, die ganz ihren aus England mitgebrachten Vorstellungen vom märchenhaften Indien entspricht:

> Her eyes lit up as she was led into the dining room and saw beneath the chandeliers the long, long table laid with silver, crystal, flowers, pomegranates, pineapples, and little

golden bowls of crystallized fruits. She felt she had, at last in India, come to the right place. (Jhabvala 1995: 13)

Die geladenen Gäste, alle britischer Herkunft und Mitglieder der herrschenden Kolonialgesellschaft, bilden jedoch die enttäuschende Kehrseite der Medaille:

> Only the guests were not right. ...She (Olivia) kept asking herself how it was possible to lead such exciting lives – administering whole provinces, fighting border battles, advising rulers – and at the same time to remain so dull. (Jhabvala 1995: 13f)

Auch die Romanfiguren, die 50 Jahre später, also in den 60er und 70er Jahren, nach Indien gelangen, und dies vor allem mit dem Anspruch, dort das „wahre Leben" zu finden, sehen sich schon nach kurzer Zeit mit der Wirklichkeit konfrontiert. Die Erzählerin trifft mit zwei solchen „Hippies" zusammen und hält den flüchtigen Kontakt mit den beiden in ihrem Tagebuch wie folgt fest:

> The girl was particularly indignant – about all people all over India. She said they were all dirty and dishonest.
> 'Why did you come?' I (the narrator) asked her.
> 'To find peace.' She laughed grimly: 'But all I found was dysentery.'
> Her young man said: 'That's all anyone ever finds here.' (Jhabvala 1995: 18)

Aus der Erwartung also, in Indien Frieden zu finden (was auch immer das heißen mag), wurde Enttäuschung, und dies obendrein mit der Begleiterscheinung zynischer Generalisierung, dass nämlich alle Inder schmutzig und falsch seien.

Die Frage an die Schüler/innen: In welcher der beiden Zeiten und an Stelle welcher Frau wären sie gerne nach Indien gekommen (oder nicht)? Die Schüler/innen sollen dabei ihren Standpunkt auf einen Zettel schreiben, der im Anschluss laut vorgelesen oder auf ein Plakat geklebt wird. Es könnten z.B. folgende Ideen vertreten werden:

> *If I had been Olivia, I wouldn't have gone to India in the first place. I would have been more realistic and stayed in England.*

> *I could identify with the narrator, because I think it's a good idea to integrate into an Indian family and learn about their culture from inside.*

Sind die Zettel aufgeklebt, so können die Schüler/innen sich die Äußerungen ihrer Mitschüler/innen in Ruhe durchlesen. Die Äußerungen sollten eventuell anonym sein, damit niemand Hemmungen zu haben braucht. Es wäre interessant, im Anschluss die einzelnen Ansichten zu diskutieren und sie Mitschülern/Mitschülerinnen zuzuordnen. Das könnte auf folgendes hinauslaufen:

> *I think Markus identifies with the narrator because he lived with an Australian host-family last year and said he liked it very much because he learned a lot about their way of life. I could not imagine that he would wear Indian clothes, though.*

> *In my opinion Susanne would hate to be in Olivia's place because she always wants to be independent and would never be pleased to take over the role of a housewife.*

Auf diese Weise kommt die Klasse/der Kurs nicht nur mit den Romanfiguren in Berührung, sondern setzt sich auch mit den Gedanken der Mitschüler/innen auseinander.

## 3.2. Welches Konzept haben die Protagonistinnen für ihre Lebensplanung?

Es sind nicht nur die Hippies und andere Aussteiger, die in *Heat and Dust* auf der Suche nach einem sinnerfüllten Leben sind, das sie in ihrer westlichen Heimat angeblich so nicht führen können. Auch die Protagonistinnen, Olivia ebenso wie die Erzählerin, erwecken nicht unbedingt den Anschein, mit sich und ihrem Leben in Einklang zu sein. Olivia sieht zwar ihre Aufgabe in der Rolle als Ehe- und Hausfrau, wird aber schon bald Opfer ihres langweiligen Alltags und ihrer gesellschaftlichen Isolation. Sie hat sich mit ihrer Ehe (bewusst oder unbewusst) auf ein Abhängigkeitsverhältnis eingelassen, in dem ihrer Meinung nach nur ein gemeinsames Kind ihre Unzufriedenheit aufheben könnte:

> Olivia thought, if she had a baby – a strapping blond blue-eyed boy – everything would be all right. She would be at peace and also at one with Douglas and think about everything the same way he did. (Jhabvala 1995: 93)

Ist hinsichtlich Olivias Zukunft dadurch immerhin noch ein Ziel erkennbar, so scheint es, was die Ambitionen der Erzählerin betrifft, keine klare Vorstellung zu geben:

> If I had had a definite wish – such as for a husband or a baby ... – I would have been glad to tell. But in fact...there had been nothing really definite I knew to wish for. Not that my life is so fulfilled that there is nothing left to ask; but, on the contrary, that it is too lacking in essentials for me to fill up the gaps with any one request. (Jhabvala 1995: 110)

Die beiden Frauen lassen sich demnach eher vom Leben treiben, als dass sie es verantwortungsbewusst in die Hand nehmen und gestalten. Es bietet sich an dieser Stelle an, im Unterricht nach möglichen Ursachen dieser Haltungen zu suchen. Wichtige Anhaltspunkte können die Schülerinnen und Schüler dabei dem Roman selbst entnehmen; des weiteren sollen sie versuchen, sich in die Lage der beiden Frauen zu begeben und zu begründen, inwieweit sie sich mit ihnen identifizieren oder andererseits deren Einstellung ablehnen. Schließlich tut sich hier auch für die Schüler/innen die Gelegenheit auf, ihre eigenen Wünsche und Vorstellungen hinsichtlich ihres weiteren Lebenswegs zum Ausdruck zu bringen:

> *"Essentials" in life could be a couple of very close friends (social life), a good relationship with my parents, a loving family of my own, a job that suits me, enough money to live on, health, good education, etc.*

Für die Schüler/innen ist vor allem die Erkenntnis wichtig, welche Bedeutung Bildungsmöglichkeiten für die Stellung der Frau innerhalb einer Gesellschaft haben. Obwohl Olivias gesellschaftliches Umfeld ein patriarchalisches ist, beweist sie in vielen Situationen Mut, indem sie ihre Meinung offen zugibt und gegen die Konventionen der Zeit verstößt. Die Schüler/innen sind gehalten, diese Aussage anhand von Textbeispielen auf ihre Richtigkeit hin zu bejahen oder abzulehnen. Das könnte so aussehen:

> *Yes, it is true. Olivia is not always of the same opinion as the people (mostly men) around her. For example, she refuses to join the English ladies who spend the summer*

> *over in Simla, although Douglas advises her to do so. But she prefers to stay with her husband.*
>
> *No, Olivia is not that much of a strong woman. Once she says that she does not know where she stands, meaning that she cannot make up her mind about an issue. Another time she thinks it is better to have a baby and think about everything the same way Douglas does.*

Wie sieht es nun mit der Vorstellung *indischer* Frauen von ihrer Lebensplanung aus? Dem Roman kann man entnehmen, dass die Stellung der Frau in Indien eine solche Planung für den Großteil (bis heute) kaum zulässt. In Indien sind die Rollen von Mann und Frau seit langem unterschiedlich gewichtet, in Analogie zum Kastensystem. Im Verhältnis zum Mann ist die Frau oft nur ein Wesen zweiter Klasse. Ihr steht es nicht zu selbst zu bestimmen, wen sie heiraten will. Inder Lal, der indische Vermieter und Freund der Erzählerin, berichtet über seine Frau:

> He said she was not intelligent. Also she had not much education – his mother had not wanted him to marry a very educated girl; she said there was nothing but trouble to be expected from such a quarter. Ritu (his wife) had been chosen on account of her suitable family background and her fair complexion. His mother had told him she was pretty, but he never could make up his mind about that. Sometimes he thought yes, sometimes no ... (Jhabvala 1995: 43)

Die Textstelle fordert die Schülerinnen und Schüler geradezu heraus, spontan Stellung zu ihr zu beziehen, da sie die vorherrschende Ungerechtigkeit gegenüber der Frau eingehend darstellt.

Die nächste Frage an die Schüler/innen wäre, ob sie sich vorstellen könnten, über all diese Werte nicht zu verfügen, sondern, wie Ritu (die indische Ehefrau Inder Lals), gefangen zu sein in genau dem Gegenteil davon. Sie sollen sich in die Lage Ritus versetzen und einen Text verfassen, den sie in ein Tagebuch notiert (falls sie schreiben könnte):

> *This life is terrible. Why did my parents force me to marry into this family? My mother-in-law always tells me what to do and what not to do, I cannot stand her being around all the time. I feel so homesick, I am depressed ...*

Neben den exemplarisch genannten methodischen Vorschlägen für die Romanbehandlung kann im Unterricht auch auf die Schülerausgabe (erschienen bei *Longman*) zurückgegriffen werden, die zahlreiche weitere Anregungen beinhaltet. Was aus dieser Longman-Ausgabe jedoch nicht hervorgeht, ist die Tatsache, dass im Internet seit einiger Zeit von einer internationalen Leserschaft ein Meinungsaustausch bezüglich *Heat and Dust* stattfindet. Ich möchte diesen im folgenden kurz vorstellen.

### 3.3 *Heat and Dust* im *web*

Zu finden ist dieser internationale Meinungsaustausch unter den Stich-/Suchwörtern *Heat and Dust* bzw. *Ruth Prawer Jhabvala* bei den Anbietern *amazon.com* (Books, Music & More) und *altavista.com*. Bei *altavista.com* finden sich neben bibliographischen und biographischen Angaben zur Autorin auch ein Interview mit derselben, Photos, Rezensionen bzw. Kritiken ihrer Werke und Bilder aus der Romanverfilmung.

Für die Schüler besteht darin die Möglichkeit, sich während oder im Anschluss an die Romanbehandlung im Unterricht selbstständig über den Roman hinaus kundig zu machen. Die Suchergebnisse könnten in Form von Zusammenfassungen im Unterricht vorgestellt werden und wiederum andere Schüler zum eigenen Forschen anregen.

Bei *amazon.com* ist die Suche noch ergiebiger, da sich die Schüler mit selbsterstellten Beiträgen in Form von Kommentaren über den Roman in die *website* einbringen können. Es werden dafür vom Anbieter genaue Richtlinien vorgegeben, u.a. die maximale Wörterzahl (1000) des Kommentars sowie der Verzicht auf „*spiteful remarks*". Auf diese Weise können die Schüler ihre englischen Sprachkenntnisse nicht nur anwenden, sondern auch veröffentlichen, was sicherlich ein großer Motivationsfaktor ist. Sie können daneben aber auch im Unterrichtsgespräch Stellung nehmen zu den Kommentaren anderer oder sogar sprachliche Verbesserungen derselben vornehmen, wie am Beispiel eines 16jährigen australischen Schülers, der (in der verbesserten Version) schreibt:

> Hi there, I am a sixteen year-old who is studying the novel Heat and Dust as part of my English course. I think that Ruth has done a commendable job in depicting the unique world of India. Heat and Dust is a book dealing with love and the different levels of love one can have for another. The aspect that suddenly you can have so much and then it is lost and turned to dust. The proceedings which lead up to the main feature of the book are to be considered an important factor in this novel. How different people react and the difference in western and eastern view and the flash backs which occur within the novel giving a sense of modern day versus the 1920s: the important "rules" that were placed on society and their culture and how others will react in a different life time is fascinating. A truly thought-provoking novel, excellent to study due to the complex story line and emotional dealings truly profound! (a reader from Australia, March 17, 1999)

Manche Kommentatorinnen und Kommentatoren haben auch ihre *mail*-Adresse angegeben, so dass die Schüler/innen ihnen direkt antworten können. Die Schüler/innen könnten ihre Kommentare in kleinen Gruppen oder zu zweit verfassen. Das muss nicht direkt am Computer (im Computerraum) geschehen, sondern kann zunächst im Unterricht oder zu Hause als Konzept aufgesetzt und der Klasse vorgetragen werden.

## 4. Resümee

Es stimmt zwar, dass Frauen in den (fremd)sprachlichen Grund- und Leistungskursen überproportional vertreten sind, aber es *muss* nicht stimmen, dass literarische Werke von Frauen über Frauen im Unterricht nur sehr selten behandelt werden. Unter der vorhandenen Vielzahl von postkolonialer Literatur sind vor allem Werke weiblicher Autoren zu finden, die sich für die Behandlung im Englischunterricht ab der 11. Klasse aus den angeführten Gründen am Beispiel von *Heat and Dust* eignen. Sowohl der Perspektivenwechsel als auch das Selbst- und Fremdverstehen der Schülerinnen und Schüler können anhand der aufgezeigten Romanthematik gefördert werden. Bekunden die Schüler/innen nach dem erfolgreichen Einstieg in die Literatur von Frauen über Frauen durch *Heat and Dust* weiteres Interesse an diesen und anderen

Autorinnen, wäre das ein zusätzliches Zeichen für die Notwendigkeit dieser Texte in der Schule.

**Literatur**

Jhabvala, Ruth Prawer (1987): *Out of India. Selected Stories.* London: Murray.

Jhabvala, Ruth Prawer (1995): *Heat and Dust.* London: Longman.

Nünning, Ansgar (1994): Neue Perspektiven im englischen Roman der Gegenwart (Teil 2). *Der fremdsprachliche Unterricht Englisch* 28/1: 57-61.

Nünning, Ansgar (1994): Literatur von Frauen über Frauen. *Praxis des neusprachlichen Unterrichts* 41/3: 272-283.

Nünning, Ansgar (1997): Literatur ist, wenn das Lesen wieder Spaß macht! *Der fremdsprachliche Unterricht Englisch* 31/3: 4-13.

Würzbach, Natascha (1996): Frauenliteratur im Englischunterricht der Sekundarstufe II (Leistungskurs): Feministische Interpretationsansätze und Textvorschläge. *Zeitschrift für Fremdsprachenforschung* 7(1): 70-95.

# Ergebnisse der wissenschaftlichen Begleitung zum Projekt „Begegnung mit fremden Sprachen in Grundschulen des Landes Brandenburg" (BmSB)

*Renate Heusinger*

## 1. Zum begegnungssprachlichen Konzept der Erprobung

Mit dem Erlass des Ministeriums für Bildung, Jugend und Sport des Landes Brandenburg (nachfolgend: MBJS) vom 15.07.1993 wurden 9 Schulen aus verschiedenen Regionen des Landes aufgefordert, beginnend mit dritten Klassen für Schülerinnen und Schüler Unterrichtsangebote zur „Begegnung mit fremden Sprachen" einzurichten und zu erproben. In die Erprobung waren drei Schulen mit der Begegnungssprache Englisch und je zwei Schulen mit Russisch, Französisch und Polnisch einbezogen. Das MBJS hatte sich für ein integratives Modell entschieden. Damit war die Realisierung der Begegnung mit fremden Sprachen eingebunden in den pädagogischen Auftrag der Grundschule, der eine Grundlegung von Bildung für alle Kinder vorsieht und keine frühzeitige Spezialisierung für ausgewählte Schülerinnen und Schüler. Im Unterschied zu anderen Modellen für den Fremdsprachenerwerb an Grundschulen wurde BmSB nicht in einem eigenständigen Fach verwirklicht, sondern integriert in die Fächer und Lernbereiche des Grundschulunterrichts in den Klassen 3 bis 6. Im Zentrum der Begegnungssequenzen, die zwei- bis dreimal wöchentlich ca. 20 Minuten stattfanden, standen das Hören und das kommunikative Handeln mit der fremden Sprache, wobei spielerischen Elementen eine besondere Bedeutung zukam.

Die Besonderheiten des Erprobungskonzepts bestanden vorrangig in

- der engen Verzahnung von begegnungssprachlichen Themen- und Erfahrungsfeldern mit den Inhalten der Fächer und Lernbereiche;

- der Orientierung an den Erfahrungen der Kinder, dem Aufgreifen situativer Kontexte sowie der didaktisch-methodischen Umsetzung vorwiegend auf der Basis des Spiels;

- dem Verzicht auf Leistungsbewertung und Zensierung;

- dem Vorrang des mündlichen Sprachgebrauchs sowie dem Verzicht auf eine grammatisch-lexikalisch definierte Progression beim Spracherwerb.

In den Zielen ist formuliert, dass durch das Zusammenwirken von Alltagserfahrungen der Kinder mit fremden Sprachen und dem spielerischen Erschließen weiterer Zugänge zur gewählten Sprache Interesse und Freude am Umgang mit ihr geweckt werden sollen. Begegnung mit fremden Sprachen soll darüber hinaus dazu beitragen, dass die Akzeptanz von Verschiedenheit sich nicht nur auf Angehörige des eigenen Kulturkreises beschränkt, sondern andere Kulturkreise zunehmend einbezieht. Die praktische Realisierung eines solchen Konzepts erfordert ein fächerübergreifendes und kooperatives Handeln der Lehrkräfte. Es knüpft an eine schüler- und handlungsorientierte Pädagogik an und folgt den Intentionen eines ganzheitlichen Lernens.

Die inhaltliche und organisatorische Planung, Koordinierung und Durchführung der begegnungssprachlichen Sequenzen sowie die Integration in das gesamte Schulleben liegt deshalb in der Hand der Klassenlehrerinnen und Klassenlehrer.

## 2. Bedingungen und Voraussetzungen für die Begegnung mit fremden Sprachen zu Projektbeginn

Das Konzept steckte zwar Ziele und inhaltliche Schwerpunkte ab, war aber relativ offen für die konkrete Umsetzung der Begegnungssprache. In das Projekt einbezogene Klassenlehrerinnen und Klassenlehrer sahen sich zunächst einer schwierigen Situation gegenüber. Aufgrund ihrer Ausbildung an Fachschulen in der ehemaligen DDR verfügten sie nur in Ausnahmefällen über qualifizierte Abschlüsse in einer Fremdsprache. Erfahrungen in der Umsetzung von „Begegnungssprachkonzepten", wie sie aus alten Bundesländern vorliegen, waren für Brandenburger Verhältnisse nur bedingt annehmbar. Territoriale Besonderheiten, historische Entwicklung der Schulen, aber auch spezielle Erwartungen der Eltern mussten in Konzeption und Realisierung Berücksichtigung finden. Hinzu kam, dass es kaum Erfahrungen in der Realisierung von Russisch und Polnisch als Begegnungssprache gab. Die Erprobung von BmSB in den Klassenstufen 5 und 6 stellte ohnehin ein Novum dar.

In Kooperation mit Fremdsprachenlehrer/innen sowie Lehrer/innen, deren Muttersprache die jeweilige Begegnungssprache war und gestützt durch prozessbegleitende schulinterne und zentrale Fortbildungen zur Fremdsprache sowie zur didaktisch-methodischen Umsetzung erfolgte der Prozess der Erprobung.

## 3. Anforderungen an die wissenschaftliche Begleitung

Die wissenschaftliche Begleitung war beauftragt, eine prozessbegleitende, schulformbezogene und pädagogisch orientierte Untersuchung durchzuführen, ohne in das Geschehen selbst einzugreifen.

Im Ergebnis der wissenschaftlichen Begleitung sollten

- spezifische Bedingungen und Voraussetzungen für die Durchführung der Begegnung mit fremden Sprachen im Land Brandenburg erfasst und dargestellt,
- Erfahrungen in der Umsetzung des Projekts dokumentiert,
- Auswirkungen auf den Fremdsprachenunterricht in den Klassen 5 und 6 verdeutlicht sowie Lösungen für eine mögliche Einführung von Begegnung mit fremden Sprachen in Grundschulen des Landes Brandenburg angeboten bzw. eine Nichtbewährung detailliert begründet werden.

Darüber hinaus war ein didaktisches Konzept zur Realisierung der Begegnung mit fremden Sprachen zu entwickeln und im Entwurf vorzulegen. Diese Aufgaben wurden von einer interdisziplinär zusammengesetzten Forschungsgruppe unter Leitung von

Ursula Drews und Renate Heusinger realisiert. Zur Forschungsgruppe gehörten weiterhin: Karin Becher, Anneliese Felger-Pärsch, Sieglinde Franke, Helga Kleemann, Gerhard Laack, Angelika Möller, Barbara Wegner sowie die studentischen Hilfskräfte Britt Paulenz, Steffen Glaubitz und Sebastian Schneier. Die Mitglieder der Forschungsgruppe vertreten im Institut für Grundschulpädagogik der Universität Potsdam die Lehrgebiete Schulpädagogik/Grundschulpädagogik, Entwicklungs- und Förderdiagnostik sowie die Fächer/Lernbereiche Mathematik, Deutsch und Musik. Damit sollte gesichert werden, dass die Beobachtungen zur Integration von BmSB in die Fächer und Lernbereiche auch aus grundschulpädagogischer, fachlicher und fachdidaktischer Sicht ausgewertet und beurteilt werden konnten. Im Ergebnis der vierjährigen Untersuchung konnten folgende Datensätze vorgelegt werden:

Tb. 1: Vorliegende Datensätze aus dem Untersuchungszeitraum 1993 – 1997

| Verteilung | Lehrer/innen | Eltern | Schüler/innen |
| --- | --- | --- | --- |
| 4 Jahrgänge Klasse 3 | 93 | 1.385 | 1.994 |
| 3 Jahrgänge Klasse 4 | 66 | 1.084 | 1.464 |
| 2 Jahrgänge Klasse 5 | 46 | - | 855 |
| 1 Jahrgang Klasse 6 | 19 | 347 | 416 |
| Gesamt | 224 | 2.816 | 4.729 |

Ausnahme: Schulleiterinnen und Schulleiter wurden einmal zu Beginn und zum Ende der Projekterprobung befragt.

Im Untersuchungszeitraum 1993 – 1997 wurden die umfangreichsten Daten in den Klassenstufen 3 und 4 erhoben. Die Erprobung in der Klassenstufe 5 wurde erstmalig mit Beginn des Schuljahres 1995/96 und in Klassenstufe 6 nur 1996/97 durchgeführt. Vergleichsmöglichkeiten bestanden für letztgenannte Klassenstufe nicht. Insofern lassen sich auch keine begründeten Verallgemeinerungen ableiten.

**4. Ausgewählte Ergebnisse der Untersuchung**

Die hier vorzustellenden Ergebnisse der wissenschaftlichen Begleitung beziehen sich auf wesentliche Gegenstandsbereiche der Untersuchung:

- Akzeptanz von BmSB bei Schülerinnen und Schülern
- Akzeptanz von BmSB bei Eltern
- Didaktisch-methodische Gestaltung von BmSB
- Lehrer/innenqualifikationen für eine begegnungssprachlich orientierte Arbeit in der Grundschule

## 4.1 Zur Akzeptanz von BmSB bei Schülerinnen und Schülern

Wenn zunächst über die Akzeptanz von BmSB bei Schülerinnen und Schülern referiert wird, so geschieht das nicht ohne Absicht, sind sie es doch, auf die sich alles Bemühen in diesem Projekt richtete.

Es wurde deshalb durch Befragung erkundet, wie sie der Begegnung mit fremden Sprachen gegenüberstehen, was ihnen besonders gefällt, aber auch, was sie stört und welche „Spuren" diese neuen Möglichkeiten des interkulturellen und fremdsprachlichen Lernens bei ihnen hinterlassen haben. Der nachstehenden Tabelle sind die Einschätzungen der Kinder aus vier verschiedenen Jahrgängen der Klassenstufe 3 zu entnehmen.

Tb. 2: Meinungen von Schülerinnen und Schülern der Jahrgangsstufe 3 zur Begegnung mit fremden Sprachen (N = 1.994), Angaben in Prozent

| Einschätzung | 1993/94 | 1994/95 | 1995/96 | 1996/97 | Gesamt |
|---|---|---|---|---|---|
| sehr gut | 63 | 67 | 62 | 72 | 66 |
| gut | 31 | 28 | 28 | 26 | 28 |
| nicht so gut | 6 | 5 | 10 | 2 | 6 |

(Gesamt N = 1.994; 1993/94 N = 505, 1994/95 N = 516, 1995/96 N = 482, 1996/97 N = 491)

Die mehrheitlich positiven Einschätzungen der Kinder sind mit Begründungen verbunden, die sich unter der Kategorie „Abwechslung zu traditionellem Unterricht" (1.630 von 1.994 Aussagen) zusammenfassen ließen. Die Kinder begründeten das u.a. wie folgt:

*ich kann alles machen, singen, zeichnen, basteln, auch mal ausruhen*

*finde ich echt gut, wie wir miteinander spielen und sprechen*

*Lehrerin lässt uns was aussuchen*

*man darf auch mal aufstehen*

Für 180 von 1.994 Schülerinnen und Schülern war in diesem Zusammenhang eher „Das Kennenlernen anderer Kulturen" wichtig. Zur Relevanz dieses Gesichtspunkts heißt es z.B.:

*weil man erfährt, wie man im anderen Land Weihnachten und Geburtstag feiert*

*dass ich mich dann im fremden Land zurechtfinde, weil ich schon etwas darüber weiß*

*weil man die Namen nicht mehr so komisch findet*

Betrachtet man den hohen Anteil an Aussagen, die sich der Kategorie „Abwechslung" zuordnen ließen, so wird deutlich, wie sehr Schülerinnen und Schüler dieser Jahrgangsstufe die kindorientierte Herangehensweise bei der Begegnung mit fremden Sprachen schätzen. Um Aufschluss darüber zu erhalten, wo Kinder Probleme und Schwierigkeiten sehen, wurden sie danach befragt, was ihnen bei der Begegnung mit fremden Sprachen nicht gefällt. Bemerkenswert war, dass die Mehrheit der Kinder dazu keine Angaben machten oder auch hier ihre Zufriedenheit zum Ausdruck brachten, indem sie signalisierten, dass ihnen alles gefällt. Dennoch ließen sich zwei Problemkreise explizieren:

1. Verstehensprobleme (134 von 1.994 Aussagen)
2. Unterrichtsstörungen ( 82 von 1.994 Aussagen)

Die Antworten der Kinder deuteten an, dass die Ursachen für Schwierigkeiten im Verstehen der fremden Sprache u.a. in der Vermittlung liegen könnten, wie z.B.:

*die Lehrerin spricht so schnell*

*ich kann mir das alles nicht merken*

*es sind oft so lange Sätze, und ich weiß nicht, wo sie aufhören*

*manche Wörter muss man zischen oder lispeln*

Für den Problemkreis „Unterrichtsstörungen" stehen u.a. folgende Aussagen:

*Kinder lachen, wenn man etwas falsch sagt*

*es kommen immer dieselben Kinder dran*

*es ist einfach zu laut*

*ich brauche mehr Ruhe zum Zuhören; wenn alle durcheinander quatschen, geht es nicht*

Trotz der genannten Probleme lassen die Ergebnisse insgesamt auf eine hohe Akzeptanz der Begegnungssprache schließen.

Ähnliche Ergebnisse liegen von Schüler/innen der Jahrgangsstufe 4 vor. Von 1.462 im Untersuchungszeitraum 1994 – 1997 befragten Kindern äußerten sich 86% positiv zur Begegnungssprache. Ihre Beweggründe für die zustimmenden Wertungen sind bereits wesentlich differenzierter, als in der Jahrgangsstufe 3. Die „Erweiterung der Verständigungsmöglichkeiten" nimmt dabei den höchsten Rangplatz ein.

Es folgen : „Freude und Spaß am Sprachenlernen", „Das Kennenlernen fremder Sitten und Bräuche" sowie „Die Vorbereitung auf die 1. Fremdsprache" (vorwiegend von Kindern mit BmSB Englisch erwähnt).

Schülerinnen und Schüler dieser Jahrgangsstufe wurden zum Messzeitpunkt 1994/95 nach Möglichkeiten der Anwendung ihrer Begegnungssprache befragt. Hier zeigten die Ergebnisse nicht, wie hypothetisch angenommen, dass die Schule selbst als dominierende Größe für die Anwendung erscheint, sondern es waren der „Freizeitbereich" und die „Familie".

Bei einem Vergleich der Sprachen stellte sich heraus, dass Polnisch den ersten Rang im „Freizeitbereich" einnahm. Das spiegelt u.E. die Lebenssituation der Kinder an der polnischen Grenze wider. In den Antworten der Kinder kommt das u.a. wie folgt zum Ausdruck:

*beim Einkaufen in Polen*

*auf dem Bauernhof bei Oma und Opa*

*ein Busfahrer fragte mich nach einer Straße und ich habe ihn verstanden*

*ich habe meiner Tante polnische Lieder vorgesungen*

*wir fahren auf den Markt und ich darf polnisch sagen, was wir haben möchten*

Bemerkenswert ist darüber hinaus, dass das Anwendungsfeld „Familie" besonders häufig von Kindern mit der Begegnungssprache Russisch erwähnt wurde. Hier ist zu vermuten, dass viele Eltern auf ihre Kenntnisse aus dem obligatorischen Russischunterricht zurückgriffen und den Kindern die Möglichkeit zur Anwendung der Sprache in der Familie boten. Hierbei stehen die Aussagen der Kinder kontrastierend zu den Aussagen der Eltern, die sich zur Begegnungssprache Russisch nicht durchgängig positiv äußerten.

Wie denken nun Schülerinnen und Schüler der Jahrgangsstufe 6 über die Begegnung mit fremden Sprachen nach vierjähriger Erfahrung mit ihr?

Bei der Auswertung der Daten war es uns wichtig, zu erfahren, ob sich bei den Einschätzungen Unterschiede zwischen den Sprachen zeigen.

Tb. 3: Rückblickende Einschätzung der Begegnung mit fremden Sprachen durch Schülerinnen und Schüler der Jahrgangsstufe 6, differenziert nach Sprachen (N= 416), Angaben in Prozent

| Sprache | sehr gefallen | gefallen | manchmal gefallen | nicht gefallen | keine Aussage |
|---|---|---|---|---|---|
| Englisch | 37 | 48 | 13 | 2 | - |
| Russisch | 10 | 23 | 58 | 9 | - |
| Französisch | 24 | 33 | 38 | 5 | - |
| Polnisch | 7 | 17 | 52 | 22 | 2 |

(Gesamt N= 416; Russisch N = 81, Englisch N = 135, Französisch N = 81, Polnisch N = 119)

Die häufigsten positiven Voten wurden von Kindern mit der Begegnungssprache Englisch und Französisch abgegeben.

Die vorgenommenen Wertungen lassen jedoch keine linearen Schlüsse auf die Qualität der Begegnungssequenzen im Zeitraum 1993 bis 1997 zu. Hier spielen Fragen der Akzeptanz der jeweiligen Sprache in der öffentlichen Meinung (insbesondere auch der Eltern) und deren Reflexion durch Schülerinnen und Schüler ebenso eine Rolle wie die Art und Weise der Realisierung von BmSB im aktuellen Befragungszeitraum.

### 4.2. Zur Akzeptanz von BmSB bei den Eltern

Es kann davon ausgegangen werden, dass das Meinungsbild der Eltern über das Begegnungsprojekt und die jeweilige Begegnungssprache nicht ohne Wirkung auf das Verhalten der Kinder bleibt. Deshalb wurde ermittelt, welche Bedeutung sie der frühen Sprachbegegnung ihrer Kinder beimessen, welche Erwartungen sie mit dem Projekt verbinden und inwieweit ihre Erwartungen erfüllt wurden. Wie hoch das Interesse der Eltern am Projekt war, zeigt u.a. die Teilnahme an der Befragung.

Im Untersuchungszeitraum 1993 – 1997 wurden 1.994 Fragebögen an Eltern der Jahrgangsstufe 3 ausgegeben.

Die Rücklaufquote betrug 72,6%, d.h. 1.385 Fragebögen konnten ausgewertet werden.

Die Ergebnisse der Befragung belegen, dass Eltern dieser Stichprobe der BmSB mehrheitlich eine große Bedeutung zuweisen, jedoch unterschiedliche Erwartungen hinsichtlich der Persönlichkeitsentwicklung ihrer Kinder damit verbinden. Von insgesamt 1.310 Nennungen zu den Erwartungen (Mehrfachnennungen waren möglich) ließen sich 902 Nennungen eindeutig 3 Bereichen zuordnen:

1. Beitrag zur Allgemeinbildung (418 Nennungen)
2. Förderung des Verständnisses für Besonderheiten anderer Kulturen
   (294 Nennungen)
3. Vorbereitung auf die 1. Fremdsprache (190 Nennungen)

Exemplarisch für die Erwartungen der Eltern seien folgende Angaben angeführt:

*Sprache lernen ohne Druck und Stress*

*eventuell Abbau von entstandenen Barrieren und Ausländerfeindlichkeit*

*Kinder haben es leichter, wenn die 1. Fremdsprache einsetzt*

*durch den spielerischen Umgang mit der Fremdsprache wächst die Freude am Sprachenlernen überhaupt*

Es gab jedoch auch skeptische Meinungen. Vor allem aus Sorge darüber, dass die Kinder überfordert werden könnten oder dass sie dadurch in Konflikte mit der Muttersprache geraten würden. Einige Eltern erwarteten einen systematischen Fremdsprachenunterricht mit Zensierung und „ordentlichem" Abschluss.

Wie Eltern rückblickend auf vier Jahre Begegnung mit fremden Sprachen über die Erfüllung ihrer Erwartungen reflektieren, zeigt folgende Übersicht:

Tb. 4: Angaben der Eltern zur Erfüllung ihrer Erwartungen an das Projekt, differenziert nach Sprachen (N = 347), Angaben in Prozent

| Sprache | ja | teilweise | nein | ohne Angabe |
|---|---|---|---|---|
| Englisch | 51 | 8 | 37 | 4 |
| Russisch | 32 | 26 | 49 | 3 |
| Französisch | 43 | 11 | 46 | - |
| Polnisch | 22 | 14 | 58 | 6 |

(Gesamt N = 347; Russisch N = 69, Englisch N = 128, Französisch N = 37, Polnisch N = 113)

Diese Ergebnisse korrespondieren weitgehend mit den vorgenommenen Einschätzungen von Schüler/innen der Jahrgangsstufe 6 (vgl. Tb. 3).

## 4.3. Zur didaktisch-methodischen Gestaltung von BmSB

Die vorliegenden Ergebnisse zur didaktisch-methodischen Umsetzung von BmSB basieren auf 554 Beobachtungen im Unterricht und in außerunterrichtlichen Situationen. Unsere Untersuchungen belegen, dass die spiel-, erfahrungs- und handlungsorientierte Gestaltung von BmSB den grundlegenden Bedürfnissen der 9- bis 12-Jährigen nach körperlicher Bewegung, sinnlicher Erfahrung, ihrer Neugier und Offenheit für alles Neue entsprach. Vor allem aber ihrem Bedürfnis, die eigenen Kräfte ohne Leistungsdruck erproben zu können. Aber auch ein ganzheitliches Konzept der Sprachbegegnung kann kognitive Lernbedürfnisse der Kinder nicht übergehen. Deshalb erwies sich ein nicht zu knapp bemessenes, aber anschauliches fremdsprachliches Angebot als Grundbedingung für eine erfolgreiche Begegnung mit fremden Sprachen. Es zeigte sich, dass mit der richtigen Auswahl der Themenfelder bereits Entscheidungen darüber getroffen werden, wie das Lerngeschehen in den Fächern und Lernbereichen strukturiert werden kann, welche Wörter und Redemittel zum Einsatz kommen und ob die Themen geeignet sind, Kommunikationssituationen zu simulieren oder ob sie der realen Begegnung bedürfen. In welchem Maße Kinder in der Lage sind, unter Verwendung einfacher Redemittel und nonverbaler Ausdrucksmöglichkeiten in der fremden Sprache zu kommunizieren, hängt u.E. damit zusammen, wie es den Lehrkräften gelingt, bestimmte Themenfelder methodisch variiert in verschiedenen Lernbereichen wieder aufzunehmen und zu aktuellen Ereignissen in Beziehung zu setzen. Dieses, für Schüler/innen oft unbemerkte Zurückgreifen auf bestimmte Themen, die „Neuverpackung und -einordnung" von bekannten Sachverhalten scheint für viele Kinder einen anderen Reiz zu haben, als es Wiederholungen auf konventionelle Art erreichen können. Zu den bevorzugten Integrationsbereichen von BmSB gehörten Deutsch, Sachunterricht und der musisch-ästhetische Lernbereich.

Insgesamt konnte festgestellt werden, dass sich die didaktisch-methodische Umsetzung nicht allein mit traditionellen Unterrichtsformen und -methoden bewältigen lässt. Dort, wo über weite Strecken frontal und lehrerzentriert gearbeitet wurde, stellten sich Unaufmerksamkeit und Desinteresse ein. Wo jedoch dem integrativen und situativen Vorgehen entsprochen wurde, eröffneten sich für die Kinder immer wieder neue, interessante Zugänge und Anwendungsmöglichkeiten für die fremde Sprache. Für Lehrkräfte selbst wurde damit zwingend, den Unterricht mehr und mehr zu öffnen, mit anderen zu kooperieren und Eltern in bestimmte Vorhaben einzubeziehen.

Unsere Beobachtungsergebnisse stützen weiterhin die Annahme, dass BmSB positive Auswirkungen auf den differenzierten Umgang mit der eigenen Muttersprache hat. So erwiesen sich für aktives Rezipieren und Einprägen vergleichende Betrachtungen von Fremd- und Muttersprache in bestimmten Fällen als ein Weg, aus der Sicht einer anderen Sprache über Form und Funktion sprachlicher Mittel einschließlich ihrer lautlichen Varietäten nachzudenken.

Im Untersuchungsverlauf zeigte sich eine deutliche Veränderung im Umgang mit der Schrift. Wurde zunächst noch völlig auf das Schriftbild beim Bekanntmachen mit neuen Wörtern verzichtet, so konnte bereits ein Jahr später konstatiert werden, dass das Schriftbild als anschauliche Stütze beim Einprägen eher förderlich als hinderlich wirkte. Das galt auch für Sprachen, deren Schriftbild weit vom Lautbild abweicht. Für Kinder blieb das Lautbild verbindlich, da sie nicht zum Schreiben veranlasst wurden, es sei denn, sie wollten es von sich aus.

Bei der Umsetzung des Begegnungskonzepts, bei dem die mündliche Kommunikation und das Hörverstehen im Mittelpunkt der Lernsequenzen stehen, ist die Körpersprache der Lehrenden ein nicht zu unterschätzendes Element ihrer Vermittlungskompetenz. Der gezielte Einsatz von Mimik, Gestik, Körperhaltung und Paralinguistik hilft den Kindern, Wortbedeutungen schneller zu erfassen und leichter zu reproduzieren.

Weiterhin erwies es sich als äußerst förderlich für den gesamten Projektverlauf, dass an vielen Schulen Erfolge und Probleme gemeinsam ausgewertet wurden. Zum Untersuchungsende existierte an jeder Schule ein schulinterner Fundus an Themen- und Gestaltungsmöglichkeiten, der jeder Lehrkraft als Anregung und mit der Option zur Weiterentwicklung zur Verfügung stand.

Aus der Fülle begegnungssprachlicher Gestaltungsvarianten sollen einige Elemente vorgestellt werden, die sich als besonders wirksam erwiesen:

- Nutzung des Spiels mit seinen verschiedenen Arten und Formen;
- Einsatz von Handpuppen als Mittler und Identifikationsfigur;
- Imitatorisch-spielerischer Umgang mit der fremden Lautung;
- Erkunden von Sprache;
- Aufträge zur selbstständigen Erkundung fremdsprachlicher Phänomene in der Lebenswelt der Kinder;
- Gestalten und Nacherleben von Bräuchen, Festen und Feiern aus dem Land der jeweiligen Begegnungssprache, verbunden mit Liedern und Tänzen;
- Briefkontakte und reale Begegnungen mit ausländischen Kindern sowie
- Präsentation von Lernergebnissen in der Öffentlichkeit von Schule und Wohngebiet.

### 4.4. Zu Qualifikationen von Lehrkräften für eine begegnungssprachlich orientierte Arbeit in der Grundschule

Für die Gestaltung von Begegnungssequenzen im Sinne der Zielsetzung des Projekts ist die grundschulpädagogische und -didaktische Kompetenz der Lehrkräfte von herausragender Bedeutung. Ohne aktiv verfügbare Kenntnisse in der fremden Sprache sind jedoch auch die besten Ideen methodisch nicht umsetzbar. Wo ein Mindestwortschatz, orientiert an begegnungssprachlichen Themenfeldern und Alltagssituationen, fehlt, ist ein flexibles Reagieren auf Fragen der Kinder oder auf ihre Ideen nur schwer zu realisieren. Um sicher agieren zu können, benötigen die Lehrkräfte nicht nur „Häppchenwissen", sondern eine Grundqualifikation in der jeweiligen Fremdsprache, die jedoch anders als in der klassischen Ausbildung von Fremdsprachenlehrern sich im

Bereich der Lexik vorrangig an begegnungssprachlichen Themenbereichen orientieren sollte. Besondere Bedeutung muss der Phonetik zukommen, da sich BmSB vorrangig über das Hörverstehen realisiert. Ein hoher zeitlicher Anteil muss dem dialogischen Sprechen vorbehalten bleiben. Solche Grundqualifikationen sollten Grundschullehrer/innen bereits im Verlaufe ihres universitären Studiums erwerben, in Schulpraktika erproben und auch in der zweiten Phase der Lehrerbildung anwenden können. Die im Projektverlauf favorisierte Lösung, Grundschullehrkräfte parallel zu ihren sonstigen Verpflichtungen in schulinternen Fortbildungen fremdsprachlich zu qualifizieren, kann unseres Erachtens nur eine wenig zufriedenstellende Übergangsregelung sein. Darüber hinaus setzt die Gestaltung begegnungssprachlicher Sequenzen Kompetenzen voraus, die weit über rein kommunikative fremdsprachige Fähigkeiten hinausgehen. Dazu gehören ein Bestand an authentischen Informationen über Land und Leute ebenso wie die Auseinandersetzung mit neuen Erkenntnissen zum sozialen und interkulturellen Lernen.

## 5. Resümee

Zu den wichtigsten Ergebnissen der Erprobung des Projekts gehört zweifelsfrei, dass die Integration von BmSB in den Grundschulunterricht nicht nur die Inhalte des Unterrichts, sondern auch das geistige und soziale Leben an der Schule um ein Vielfaches bereicherte, indem nicht die soziale Gruppe (Klasse) allein, sondern die Schule als Ganzes mit ihren Verbindungen zum Gemeinwesen den Gestaltungsrahmen bildeten, in dem sich „Begegnungen" realisierten. Integriert in die Lernbereiche und Fächer der Grundschule und in das Schulleben, orientiert an den Besonderheiten des Lernens im Grundschulalter, trug die Begegnung mit fremden Sprachen dazu bei, den Kindern Erfahrungen zu ermöglichen,

- dass man sich mit Hilfe einer anderen Sprache neue Zugänge zur Welt erschließen kann (Beitrag zur Welterkundung),
- dass der spielerische Umgang mit der fremden Sprache Spaß und Freude am Lernen erzeugt (Interesse an Fremdsprachen),
- dass ein zunächst Fremdes und Andersartiges durch die „Begegnung" mit anderen Lebensweisen, Sitten und Bräuchen zu Vertrautem wird, dem man aufgeschlossen gegenübertreten kann, weil man mehr darüber weiß (soziales und interkulturelles Lernen).

Obwohl es nicht Anliegen der wissenschaftlichen Begleitung war, Wissenstests vorzunehmen, kann aufgrund des genutzten Themenspektrums und der Beobachtungsresultate angenommen werden, dass die meisten Kinder bereits am Ende der Klasse 4 in der Lage sind,

- sich zu begrüßen und zu verabschieden,
- sich vorzustellen und zu entschuldigen,
- Dank und Bitten zu formulieren, subjektive Befindlichkeiten auszudrücken,
- mit Zahlen umzugehen, Farben und Tiere zu bezeichnen sowie
- bekannte Wörter aus gehörten Satzgefügen wiederzuerkennen.

Durch die wissenschaftliche Begleitung konnte am Ende der vierjährigen Untersuchung[1] eingeschätzt werden, dass bei allen dargestellten Problemen die Erprobung des Projekts erfolgreich verlaufen ist und damit ein Fundus an verwertbaren Erkenntnissen und Erfahrungen zur praktischen Realisierung vorliegt, der es erlauben würde, die Begegnung mit fremden Sprachen auch an weiteren Schulen des Landes einzuführen.

**Anmerkungen**

[1] Die hier vorgestellten Untersuchungsergebnisse stützen sich auf den Abschlussbericht der wissenschaftlichen Begleitung des Projekts BmSB und stellen eine Auswahl dar. Weitere Informationen sind folgender Veröffentlichung zu entnehmen: Heusinger, Renate (Hrsg.) (2000): *Begegnungssprache. Kinder Brandenburger Grundschulen begegnen Englisch, Russisch, Französisch und Polnisch in ihrem Unterricht*. Weinheim: Beltz - Deutscher Studienverlag.

# Frühbeginn Französisch in Berlin: Konzeption und Stand der Entwicklung

*Gabriele Bergfelder-Boos*

**Drei Aspekte des frühen Fremdsprachenlernens**

Der Fremdsprachenfrühbeginn in der Berliner Schule wurde relativ schnell und für die Beteiligten überraschend durchgestartet. Die Ankündigung der damaligen Schulsenatorin Ingrid Stahmer, Frühbeginn Englisch werde im Schuljahr 98/99 zuerst in einer Phase der Erprobung, dann flächendeckend eingeführt, löste eine Debatte aus, in der drei Aspekte eine wesentliche Rolle spielten.

## 1.1 Der fremdsprachenpolitische Aspekt

Der erste betrifft die Anforderungen an schulisches Fremdsprachenlernen im Jahre 2000 und im europäischen Kontext. In ihrem Gutachten zum Fremdsprachenunterricht von 1994 hat sich die Kultusministerkonferenz der Länder folgendermaßen festgelegt: „Mehrsprachige fremdsprachliche Bildung ist zu einer wesentlichen Bedingung für international gegenseitiges Verstehen geworden. Sie ist eine Schlüsselqualifikation für Sozialisierung in Europa, für Mobilität und Kommunikation."(1994: 13) Die individuelle Mehrsprachigkeit, d.h. das Erlernen von wenigstens zwei europäischen Gemeinschaftssprachen, wird als eine unabdingbare Voraussetzung dafür angesehen, dass die Bürgerinnen und Bürger der Union die beruflichen und persönlichen Möglichkeiten nutzen können, die ihnen der Binnenmarkt bietet. Was den Fremdsprachenfrühbeginn betrifft, so spielt diese Frage eine Rolle in der Auseinandersetzung darum, ob nur eine Sprache, d.h. das Englische, gelernt werden oder ob es eine Wahlmöglichkeit geben soll.

Es geht um die Frage einer Sprachenpolitik, die auch für den Lernbereich Frühbeginn das Prinzip der Mehrsprachigkeit fördert. In Berlin gab es heftige Proteste gegen die Beschränkung des Frühbeginns auf die englische Sprache. Sie hatten Erfolg. Dem Konzept der Mehrsprachigkeit wurde eine Chance gegeben: Die Offenheit der Wahl der Fremdsprache blieb erhalten, nicht nur für Klasse 5, sondern auch für Klasse 3. Als Frühbeginnsprachen wurden Englisch, Französisch und Russisch zugelassen.

## 1.2 Der fremdsprachendidaktische Aspekt

Das früh einsetzende Fremdsprachenlernen wird im Allgemeinen als eine Möglichkeit angesehen, schulisches Fremdsprachenlernen zu verbessern. Über die Konzeption des Frühbeginns gingen jedoch bis vor einiger Zeit die Ansichten noch deutlich auseinander.

Zwei unterschiedliche Konzeptionen standen einander gegenüber: auf der einen Seite ein eher „lehrgangsorientiertes" Konzept, das auf einem grundschulgemäßen Unterricht beruht, aber auf die Vermittlung von Sprachkompetenzen und auf Lernprogression ausgerichtet ist, auf der anderen Seite das „Begegnungssprachenkonzept", das vor allem auf eine Sensibilisierung für das Fremdsprachenlernen, auf die Vermittlung von Einstellungen gegenüber dem Fremden und auf kommunikativen Austausch abzielt. Beide Konzeptionen schlossen bisher eine Leistungsbeurteilung aus.

Inzwischen bahnt sich eine Annäherung beider Richtungen an, bei der m.E. drei Faktoren entscheidend sind: erstens die Erprobung der Konzepte in der Praxis, die Antwort der Kinder, Eltern, Lehrkräfte, zweitens die von den meisten Bundesländern geplante flächendeckende Einführung des Frühbeginns. Sie spielt eine beschleunigende Rolle. Es finden Absprachen zwischen den Kultusmininisterien statt, Lehrpläne werden entwickelt. Eine gewisse Vereinheitlichung ist die Folge, aber damit auch ein Ausschlagen des Pendels in Richtung ergebnisorientiertes Lernen.

Dritter Faktor ist die Weiterentwicklung des Fremdsprachenunterrichts in den 90er Jahren. Die Bemühungen um eine Neuorientierung des Fremdsprachenlernens auf allen Schulstufen nach einem neuen Lernkonzept machen die zuvor genannte Opposition überflüssig. Ein vorwiegend auf die Vermittlung von Sachkompetenz und auf lineare Progression ausgerichtetes Sprachenlernen in Form von Lehrgängen ist auch für den Unterricht der anderen Schulstufen in Verruf geraten. Das schulische Fremdsprachenlernen braucht ein neues, „europataugliches" Fremdsprachenlernkonzept, das Impulse zur Neuorientierung gibt, von den Schulen aufgegriffen und im Sinne pädagogischer Schulentwicklung fortgeschrieben werden kann. Das von der Kultusministerkonferenz entwickelte Grundkonzept (1994: 3-7) gibt die Hauptlinien vor: als übergeordnetes Ziel die individuelle Mehrsprachigkeit, ferner die Entwicklung kommunikativer und interkultureller Kompetenz, lebenslanges Lernen, Fremdsprachenfrühbeginn, Diversifikation und die Einrichtung bilingualer Züge. Eine Möglichkeit unter vielen, das Grundkonzept weiterzuführen, liegt in der Anwendung eines erweiterten Lernbegriffs auf das Sprachenlernen. Wird im Sinne der NRW - Denkschrift Lernen „als Veränderung individueller Kompetenz durch Erwerb von inhaltlichem und methodischem Wissen im Rahmen von sozialen Erfahrungen und Selbstreflexion" (Bildungskommission NRW 1995: 89) aufgefasst, so besteht das wichtigste Ziel schulischen Lernens darin, die Lernkompetenz der Schülerinnen und Schüler aufzubauen. Im sog. Kompetenzmodell (vgl. ThILLM 1998: 30) wird die Lernkompetenz häufig auf vier verschiedene, gleichzeitig miteinander verbundene Kompetenzbereiche bezogen: den Bereich der Sach-, Methoden-, Selbst- und Sozialkompetenz (vgl. Abb.1).

Dabei meint

- Sachkompetenz den Erwerb von fachlichem Wissen und Können,
- Methodenkompetenz die Entwicklung von Strategien und Techniken zum Erwerb von Wissen und Können,
- Selbstkompetenz die Organisation des Lernens durch den Lernenden,
- Sozialkompetenz das Lernen mit Anderen und von Anderen.

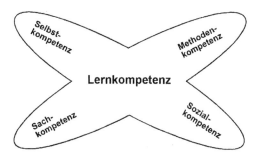

Abb.1

Definiert man Ziele und Inhalte des Fremdsprachenunterrichts unter Berücksichtigung des erweiterten Lernbegriffs, so können die im Fremdsprachenunterricht zu erreichenden Qualifikationen als fremdsprachenspezifische Fähigkeiten in den vier Kompetenzbereichen ausgewiesen werden. Gleichzeitig müsste das Spezifische jeder Lernstufe neu definiert, dabei an die jeweils vorausgehende Lernstufe angeknüpft und die folgende mitgedacht werden. Die Qualität des Unterrichts wird allerdings erst dann verbessert, wenn für das Spezifische dieser Lernstufen Unterrichtsverfahren zur Verfügung stehen, die geeignet sind, die Fähigkeiten der Lernenden in allen Kompetenzbereichen gezielt zu fördern. Einige neuere Rahmenpläne (vgl. Sen SJS Berlin 1999: 27)[1] sind bereits nach dem Kompetenzmodell konzipiert. Ginge man in Berlin bei der Erarbeitung von Rahmenplänen für den Frühbeginn ebenfalls von diesem Modell aus, könnte man zu einem nicht auf Stoffvermittlung, sondern auf Kompetenzerwerb ausgerichteten frühen Sprachenlernen kommen. Es bestünde die Möglichkeit, das Sprachenlernen der Grundschule und der Sek I sinnvoll aufeinander abzustimmen.

### 1.3 Der finanzielle Aspekt

Der finanzielle Aspekt soll nur angedeutet werden. Er betrifft die Qualifizierung der Lehrkräfte durch Fort- und Weiterbildungsmaßnahmen, die Einrichtung von entsprechenden Studiengängen für mindestens zwei Fremdsprachen, die Erhöhung der Studentafel und die Einstellung neuer qualifizierter Lehrkräfte. Das alles kostet.

### 2. Die Berliner Erprobungsphase

### 2.1 Die Rahmenbedingungen

Das Berliner Frühbeginnprojekt ist Teil der Berliner „Grundschulreform 2000". Die Beteiligung der Berliner Grundschulen an der inzwischen drei Jahre andauernden Erprobungsphase ist bemerkenswert hoch. Im Augenblick beträgt sie 71%. 90% der Berliner Grundschulen bieten ausschließlich Englisch, 10% auch Französisch an. Damit sind die Kontingente des Französischen nicht ausgeschöpft, denn viele Schulen mit dem Angebot Französisch als erster Fremdsprache, besonders in den westlichen

„Hochburgen", konnten sich bisher zu einer Beteiligung nicht entschließen: Von 91 Grundschulen mit erster Fremdsprache Französisch haben nur 30 Grundschulen das Angebot Französisch Frühbeginn.

Die Bedingungen für die Erprobung einer Berlin-spezifischen Konzeption des frühen Fremdsprachenlernens waren relativ günstig, die organisatorischen und finanziellen Voraussetzungen jedoch weniger. Das Rundschreiben des Senators für Schule Jugend und Sport vom Dezember 97 definierte die Vorgaben, ließ aber genügend Raum für Experimente.

Das Projekt wurde „Begegnung mit einer Fremdsprache ab Klasse 3" genannt. Diese Bezeichnung war unglücklich gewählt, denn das Begegnungssprachenkonzept war nicht gemeint: Intendiert war die Vermittlung von Sprachkompetenzen durch ein grundschulgemäßes Lernen in Klasse 3 und 4. Eine Leistungsbeurteilung war nicht vorgesehen. Das Fremdsprachenlernen sollte in den vorfachlichen Unterricht integriert werden, aber es gab auch die Möglichkeit, andere Organisationsformen zu erproben. Die Stunden waren aus dem vorhandenen Volumen zu nehmen, denn das Projekt sollte kostenneutral sein. Über die Einrichtung des Projekts und die Wahl der Fremdsprache in der Einzelschule hatten die schulischen Gremien zu entscheiden und auf dieser Grundlage einen Antrag an das zuständige Schulamt zu stellen. Die unterrichtenden Kolleginnen und Kollegen wurden zu der vom Berliner Landesinstitut für Schule und Medien (LISUM) organisierten projektbegleitenden Fortbildung eingeladen. Zur Durchführung der Fortbildung wurden Moderatorenstellen, zur Beratung der Schulen Fachkonferenzleiterstellen in den Bezirken geschaffen. Eine große Bereicherung war die Einbeziehung der Fremdsprachenassistentinnen und der französischen Austauschlehrerinnen in die Fortbildung und den Unterricht. Die sehr effektive Kooperation mit dem *Institut Français* und der französischen Botschaft konnte die Rahmenbedingungen entscheidend verbessern.

Die problematischen Punkte des Projekts waren indessen von Anfang an klar: auf der einen Seite die Qualifizierung der Lehrkräfte, für die eine projektbegleitende Fortbildung keine langfristige Lösung ist, auf der andern Seite die Integration des Fremdsprachenlernens in den vorfachlichen Unterricht, denn diese geht zumeist auf Kosten der musischen Fächer. Bei einer Wahl der Fremdsprache sieht die Schule sich darüber hinaus vor erhebliche Schwierigkeiten gestellt. Diese betreffen einerseits die Organisation des Unterrichts, andererseits die Kriterien für die Sprachenberatung der Eltern und Kinder. Die Wahl der Frühbeginnsprache stellt eine Vorverlegung der Fremdsprachenwahl dar, selbst wenn die Fortsetzung der Sprache in Klasse 5 nicht obligatorisch ist. Ist bereits die Beratung am Ende von Klasse 4 ein großes Problem, wieviel mehr die am Ende von Klasse 2. Außerdem bringt eine Wahlmöglichkeit für den Frühbeginn den Nachteil, dass unterschiedliche Lernvoraussetzungen in Klasse 5 entstehen.

Diese Problematik machte uns einfallsreich, wir begannen mit dem „Parallelmodell" zu experimentieren. Der Senat genehmigte die Erprobung. Die Erfahrungen der Spandauer „Grundschule am Windmühlenberg", die als erste Berliner Grundschule

„parallel" unterrichtete, waren für uns richtungsweisend. Ihre Erfolge machten uns mutig.

## 2.2 Das Parallelmodell, auch „Spandauer Modell" genannt

Englisch ist für die Mehrheit (nicht nur) der Berliner Schülerinnen und Schüler erste Wahl. Daran wird sich auch in Zukunft nichts ändern. Alternativen zum „Königsweg Englisch" haben nur dann eine Chance, wenn Schüler und Eltern darin keinen Verlust, sondern einen Gewinn sehen. Für das frühe Fremdsprachenlernen kann das Parallelmodell mit diesem Vorteil aufwarten. „Parallel" bedeutet in diesem Kontext: Die Schüler lernen in Klasse 3 und 4 zwei Fremdsprachen gleichzeitig, und zwar Englisch und Französisch. Die zur Verfügung stehende Unterrichtszeit wird aufgeteilt.

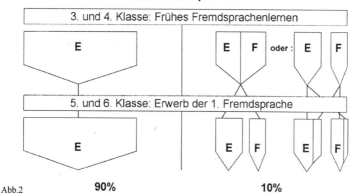

Abb.2

Wird das Parallelmodell angewandt (vgl. Abb.2), verfügen die Schülerinnen und Schüler am Ende von Klasse 4 über Kompetenzen in beiden Frühbeginnsprachen und können die Wahl für die erste Fremdsprache kompetent treffen. Die Lernvoraussetzungen für das Fach Englisch und Französisch sind für alle gleich. Wir gehen davon aus, dass die Mehrheit der Schülerinnen und Schüler auch bei der Anwendung dieses Modells in Klasse 5 Englisch wählt, dass für Französisch aber genügend Schüler übrig bleiben. Das Parallelmodell erscheint uns als eine große Chance, wahrscheinlich sogar als die einzige Chance zur Realisierung des Mehrsprachigkeitskonzepts, und zwar aus folgenden Gründen:

Bei Anwendung dieses Modells sind die Schüler nicht gezwungen, sich gegen Englisch zu entscheiden. Sie lernen die zweite an ihrer Schule angebotene Sprache zusätzlich zu Englisch, eine Wahl bleibt ihnen erspart. Dies ist selbstverständlich nur an Grundschulen möglich, die Französisch als erste Fremdsprache ab Klasse 5 anbieten. Da die Unterrichtszeit aufgeteilt wird, kostet dieses Modell auch keine zusätzlichen Lehrerstunden, sondern nur stundenplantechnisches Geschick. Die Kompetenzen in der zweiten Frühbeginnsprache können sich die Schüler erhalten bzw. weiter ausbauen durch eine Weiterführung in Klasse 5 und 6 - mit geringerer Stundenzahl im AG-Bereich oder in einer anderen Organisationsform.

Mit der „Grundschulreform 2000" erhält das Sprachenlernen einen hohen Stellenwert in der Berliner Grundschule. Das Parallelmodell, entstanden aus der praktischen Umsetzung der Reform, gibt den Schulen interessante Möglichkeiten, das Sprachangebot zu differenzieren, und eröffnet Eltern und Schülern große Entscheidungsspielräume. Einige Schulen nutzen es bereits zur Profilbildung bzw. zur Schulprogrammentwicklung. Eine wissenschaftliche Begleitung im Rahmen eines Schulversuchs war bisher nicht vorgesehen, so dass wir lediglich über unsere positiven, auf gezielten Beobachtungen beruhenden Erfahrungen berichten, nicht aber Ergebnisse einer empirischen Untersuchung vorlegen können.

Indessen haben sich die Vorteile des Parallelmodells herumgesprochen, die Zahl der erprobenden Schulen steigt. Im Schuljahr 2000/2001 sind es 14 Schulen. Für die Evaluation des Projekts wird die Frage der Lernergebnisse (auch im Vergleich zu den in einer Fremdsprache unterrichteten Lerngruppen) entscheidend sein. Bedeutet „Hälfte der Zeit" auch „Hälfte des Ergebnisses"? Bedeutet das Erlernen von zwei Fremdsprachen eher eine zusätzliche Schwierigkeit? Worin bestehen die spezifischen Erfolge dieses Modells? Gibt es gegenüber der Fremdsprachenwahl erkennbare Nachteile? Diese Fragen sind auf dem Hintergrund der Konzeption zu diskutieren, die dieser Art von Fremdsprachenlernen zugrunde liegt. In einem nächsten Schritt ist zu klären, welche Lernergebnisse am Ende von Klasse 4 erreicht werden können.

## 3. Die Konzeption des frühen Fremdsprachenlernens

Die Erprobung der Berliner Konzeption ist noch nicht abgeschlossen, und mit der zum Schuljahr 2001/2002 vorgesehenen flächendeckenden Einführung wird ein neuer Abschnitt der Erprobung beginnen. Wir wissen noch nicht, welche Entscheidungen der Senat für diese Phase treffen wird und mit welchen Vorgaben wir zu rechnen haben. Wir hoffen, dass das Parallelmodell eine Chance bekommt und wir unsere Konzeption weitererproben und weiterentwickeln können. Es handelt sich um das Konzept eines erlebnis- und ergebnisorientierten Sprachenlernens, das beide zu Anfang erwähnten Richtungen zusammenführt. Wir zielen auf einen eigenen Lernbereich Fremdsprachen ab, auch wenn das Sprachenlernen in den vorfachlichen Unterricht integriert ist. Im Mittelpunkt steht im Sinne des erweiterten Lernbegriffs die Lernfähigkeit der Schülerinnen und Schüler. Intendiert wird ein grundschulgemäßes Lernen mit eigener Dynamik und eigenen Schwerpunkten, an das sich der weiterführende Unterricht anschließen kann, der aber nicht organisiert wird, um diesen zu bedienen. Er hat seinen eigenen Stellenwert.

### 3.1 Ziele und Inhalte

Das frühe Fremdsprachenlernen soll günstige Voraussetzungen für den Aufbau der individuellen Mehrsprachigkeit schaffen, an das interkulturelle Lernen heranführen und die sprachlich-kommunikativen Fähigkeiten der Kinder fördern. Für die einzelnen

Kompetenzbereiche bedeutet dies: Die Kinder erwerben die Fähigkeit, sich auf das spielerische Erlernen einer Fremdsprache bzw. von zwei Fremdsprachen einzulassen und Offenheit für und Neugier auf fremde Lebensweise und Kultur sowie Freude am Umgang mit der fremden Sprache zu entwickeln (Selbstkompetenz). Sie erwerben grundlegende sprachliche Fähigkeiten und Fertigkeiten in der direkten mündlichen Kommunikation (Sachkompetenz). Sie lernen, sprachliches Wissen und Können zu erhalten und auszubauen (Methodenkompetenz) und entwickeln ihre sprachlichen Fähigkeiten in der partnerbezogenen Kommunikation und in kooperativen Arbeitsformen (Sozialkompetenz).

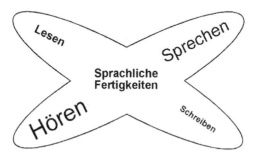

Abb.3

Das früh einsetzende Fremdsprachenlernen setzt Schwerpunkte. So geht es z.B. im Bereich der Sachkompetenz in erster Linie um den Erwerb sprachlicher Fähigkeiten und Fertigkeiten. Diese unterliegen einer bestimmten Rangfolge (vgl. Abb.3). Die erste Stelle nimmt die Entwicklung der Hörfähigkeit und des Hörverstehens, die zweite das Sprechen ein. Diesen Fertigkeiten untergeordnet sind das wieder erkennende Lesen und Schreiben. Rangfolge in diesem Zusammenhang meint sowohl die Bedeutsamkeit der Fähigkeiten im Spracherwerbsprozess als auch die Reihenfolge in der Sprachvermittlung. Da die „Fähigkeit zum kommunikationseingebundenen Verständnis (mündlicher) fremdsprachlicher Äußerungen" (Sarter 1999: 37) den Schwerpunkt des frühen Fremdsprachenlernens bildet, steht die Sprachaufnahme im Mittelpunkt des Unterrichts. Die Kinder erhalten genügend Zeit, sich in fremde Laute und Intonation einzuhören. Ihre Leistung besteht vor allem im eigenständigen Diskriminieren der Laute, im Segmentieren der Einheiten der *chaîne parlée*, in der Verknüpfung von Sprache und Bedeutung, im experimentierenden Umgang mit der Sprache und der damit verbundenen intuitiven, impliziten Hypothesenbildung. Unterstützt wird dieser Prozess von Seiten der Lehrkraft durch ein reiches sprachliches Angebot, das auf die wesentlichen Botschaften fokussiert, von entsprechenden Wiederholungen geprägt und anschaulich präsentiert ist. Der Umfang der Sprachproduktion durch die Kinder ist dem gegenüber wesentlich geringer. Sie erfolgt in Situationen, die sich auf Inhalte, nicht aber auf sprachliche Formen beziehen, den Kindern Spaß machen und sie zum Sprechen und Handeln motivieren. Die Entwicklung der Fertigkeiten ist verbunden mit dem Erwerb von sprachlichen Mitteln, das bedeutet für diese Altersstufe ein Repertoire aus einigen wenigen basalen sprachlichen Strukturen und einen

Wortschatz, der sich aus den unterrichtlichen Themen und den für die Kinder interessanten Sprachfunktionen ergibt, z.B. sich vorstellen, Wünsche und Vorlieben äußern, Gegenstände beschreiben, etwas verlangen.

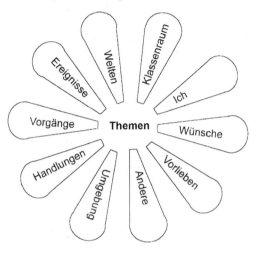

Abb.4

Die unbefangene, spielerische und musisch betonte Kommunikation erfolgt anhand von Themen aus der Erfahrungswelt der Kinder (vgl. Abb.4). Sie beziehen sich im Wesentlichen auf die alltägliche Kommunikation. Das heißt im Einzelnen: auf die Kommunikation im Klassenraum und beim Spiel, auf die Persönlichkeit der Kinder, ihre Wünsche und Vorlieben, auf die Begegnungen mit anderen, auf das Handeln mit Gegenständen, Tieren, Personen, auf Vorgänge im Rhythmus des Tages, der Woche, der Jahreszeiten, auf besondere Ereignisse und Feste, aber auch auf unbekannte Welten, auf Menschen, Städte, Landschaften, Gebräuche, Geschichten, Lieder. Dabei erhalten die Kinder Gelegenheit, ihre eigene, vertraute Lebenswelt mit der fremden Kultur zu vergleichen, Unbekanntes wahrzunehmen und Bekanntes wiederzuerkennen. Besonderen Spaß machen den Kindern Projekte, bei denen sie mit frankophonen Sprechern zusammenarbeiten oder mit den französischen Kultureinrichtungen in Kontakt treten können, wofür es in der Hauptstadt diverse Gelegenheiten gibt. Einige Schulen werden Schüleraustauschprojekte mit Frankreich auch mit Schülern der 4. Klassen wagen.

### 3.2 Lernprogression und Kompetenzerwerb

Eine Lernprogression im frühen Fremdsprachenunterricht ergibt sich durch die Entwicklung der sprachlich-kommunikativen Fähigkeiten bei gleichzeitiger Wiederholung und Erweiterung des Wortschatzes und der sprachlichen Strukturen in immer neuen Zusammenhängen. Diese Progression im Sinne einer „Progression in der Mündlichkeit" (vgl. Sarter 1999: 41) zu garantieren, bedarf es großer unterrichtlicher Planungskompetenz: Die von den Kindern produktiv zu beherrschenden sprachlichen Äußerungen müssen ausgewählt und geeignete Sprechanlässe geschaffen werden, in denen bekannte Strukturen und bekanntes Wortmaterial aufgegriffen und Neues hinzugefügt werden kann. Die im Rahmen der Berliner Fortbildung entwickelte *programmation de la première et deuxième année* ist so angelegt, dass sie als Quelle der Anregung und/oder als Leitfaden für die individuelle Planung dienen kann und ein flexibles Eingehen auf die unterrichtliche Situation und die Bedürfnisse und Wünsche der Kinder erlaubt.

Bei der Umsetzung des erlebnis- und ergebnisorientierten Konzepts erwerben die Kinder vor allem grundlegende Fähigkeiten des Sprachenlernens. Sie verfügen damit über ein begrenztes explizites, aber sehr viel implizites Wissen und Können. Das betrifft sowohl den Bereich der Sach- als auch der Methodenkompetenz. Hier machen die Kinder auf einer intuitiv-spielerischen Ebene erste Schritte im Erwerb von Gedächtnis-, Behaltens- und Kompensationsstrategien beim Hören und Sprechen. Es obliegt den folgenden Lernstufen, diese schwerpunktmäßig erworbenen Fähigkeiten zu nutzen, um sie zu vertiefen und implizites Wissen und Können zu explizitem auszubauen.

### 3.3 Prinzipien der Unterrichtsgestaltung

Im frühen Fremdsprachenunterricht werden didaktisch-methodische Prinzipien des Fremdsprachenunterrichts mit denen eines grundschulgemäßen Unterrichts so verknüpft, dass die Schwerpunktsetzungen des Frühbeginns realisiert werden (vgl. Abb.5).

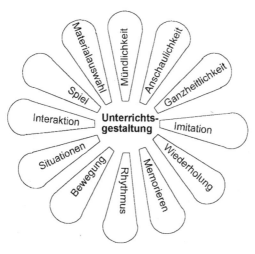

Abb. 5

Dazu gehören die Bereitstellung des sprachlichen Inputs durch die Lehrkraft, die gezielte Förderung des Hörverstehens in angemessen langen Phasen nonverbaler

Aktivitäten der Lernenden, die Vorbereitung der sprachaktiven Phasen und die Auswahl von Situationen und Aktivitäten für die Phasen der sprachlichen Aktion. Ganzheitlicher Unterricht in der Fremdsprache verlangt nicht nur den Einsatz von Spiel, Bewegung, Musik, Gesang, Rhythmus, Gestik, Mimik und manuellen Tätigkeiten, sondern auch die Verknüpfung dieser Mittel mit der Sprache anhand geeigneter Texte und Medien.

### 3.4. Beispiel einer Unterrichtssequenz

Das Herzstück des didaktisch-methodischen Ansatzes im frühen Fremdsprachenunterricht bildet das Erzählen von Geschichten. Tiergeschichten, wunderbar dargeboten z.B. von Claude Boujon eignen sich hervorragend für diese Altersstufe. In *Je mangerais bien une souris*[2] (Boujon 1990) träumt Kater Nono von kulinarischen Genüssen. Eine Maus würde ihm schmecken. Aber er hat noch nie eine gesehen, denn normalerweise frisst er Fertigfutter aus der Katzenschüssel - *avec un chat sur l'étiquette*. (Boujon 1990) Nono träumt sich seine Maus zusammen. Auf das Wesentliche reduziert hört sich seine innere Stimme wie folgt an: *Un museau pointu, deux petites oreilles et des yeux. C'est cela, une souris? Non, elle a encore des moustaches, un corps rondelet, et quatre pattes. C'est cela, une souris? Non, elle a encore une longue queue.* Aus immer neuen Konfigurationen entsteht endlich eine ansehnliche Maus, aber ... Nono erwacht, vom Hunger gekitzelt, aus seinen Träumen. Was tun? Ein wenig Milch schlecken, aber nicht vom Träumen lassen, denn: *Demain, je mangerais bien un cheval.*

Beim Hören der Geschichte und Ansehen der Illustrationen erfassen die Kinder schnell den Zusammenhang von Katze und Maus. Das Prinzip des fantasievollen Zusammensetzens der einzelnen Körperteile zu einem appetitlichen Ganzen macht die Poesie der Geschichte aus. Sie wird für unterrichtliches Handeln genutzt. Das ständige Wiederholen der einzelnen Körperteile und des Wunsches *Je mangerais bien une souris* erleichtert den Verstehensprozess und das Einprägen derjenigen Textelemente, die die Schüler produktiv anwenden werden. Das reiche Anschauungsmaterial in Form eines immer wieder neu zusammengesetzten Puzzles lädt zu verschiedenen Aktivitäten ein: zum Mitraten, Identifizieren, Zeigen, neu Ordnen, Ausschneiden, Aufkleben, selbst Zeichnen, zum Beschreiben, zum Rollenspiel. Dem aktiven Sprechen geht eine lange Phase des Hörens voraus, die die Kinder nach dem *Total Physical Response*- Verfahren mit nonverbalen Aktivitäten begleiten und dabei den Text innerlich mitsprechen, um ihn allmählich mitzuerzählen und zu memorieren. Ergänzt werden können diese Aktivitäten durch diverse Aussprachübungen zu der *comptine: Six souris sans soucis sortent de leurs six trous* (Albaut 1993: 212), die in einen rhythmischen Sprechgesang und einen Gestentanz münden. Zum Schluss kann die *comptine* als Geschichte anhand einer *bande dessinée* erzählt werden (vgl. Abb.6).[3]

Eine für die Kinder spannende Phase der Sprachverwendung besteht in einem Partnergespräch, in dem sie sich gegenseitig ihre selbst erfundenen und gezeichneten Mäuse vorstellen: *Regarde, ma souris, elle a un museau pointu. Ici. Elle a des moustaches. Là.* Wenn die Kinder großen Spaß an der Geschichte haben, kann ein Heft mit Text und Bildern hergestellt werden.

Abb.6

### 3.5 Anwendungsmöglichkeiten des Konzepts in Berlin

Das Konzept des erlebnis- und ergebnisorientierten Sprachenlernens eignet sich für das früh einsetzende Fremdsprachenlernen in Klasse 3 und 4. Es war in Berlin Grundlage des Unterrichts sowohl für Lerngruppen mit einer Fremdsprache als auch für „parallel" unterrichtete Gruppen. Auch die *programmation de la première et deuxième année* war während der Erprobungsphase für beide Gruppen gleich. Die bei Anwendung des Parallelmodells notwendigen Einschränkungen wurden im Bereich der Themen und des Wortschatzes vorgenommen.

Das Parallelmodell ist sicherlich keine Organisationsform, die sich flächendeckend für alle Berliner Schulen eignen würde. Es kann nur dort zum Tragen kommen, wo der Wunsch von Eltern und Kindern und entsprechende Voraussetzungen an der Einzelschule vorhanden sind. Außerdem: Andere Organisationsformen sind dann zu erwägen, wenn das Sprachenlernen bereits in Klasse 1 einsetzt und/oder ein Immersionsprogramm (vgl. Hagège 1996) vorgesehen ist. Den Mut zur Entscheidung, das „Parallelmodell" in einigen Schulen zu erproben, haben wir auf der Basis unseres Konzepts und aufgrund der Tatsache getroffen, dass das Mehrsprachigkeitskonzept in Berlin eine echte Chance hat. Für die Fortsetzung der ersten Fremdsprache Französisch stehen in jedem Bezirk weiterführende Oberschulen zur Verfügung. Der quantitative Aspekt des Problems „Hälfte der Zeit - Hälfte der Ergebnisse" war für uns kein Hinderungsgrund. Sehr viel wichtiger war uns die Frage, ob der gleichzeitige Erwerb von zwei Sprachen die Entwicklung der Lernkompetenz und der sprachlichen Fähigkeiten sowohl in der einen als auch in der anderen Sprache beeinträchtigt und somit der Nutzen des Frühbeginns verspielt wird. Die Entscheidung erleichtert hat uns die Tatsache, dass einige „parallel" unterrichtende Kollegen bereits anders organisierte Lerngruppen betreut hatten. Und: Berlin hat eine 6-jährige Grundschule, was günstige Voraussetzungen sowohl für die Weiterführung der Lerngruppen in Klasse 5 und 6 als auch für die Evaluation des Projekts schafft.

Über unsere Vorgehensweise, unsere Beobachtungen und praktischen Erfahrungen berichtet der folgende Beitrag von Frau Baring.

## Anmerkungen

[1] Der Berliner Entwurf des Rahmenplans Französisch Sek I befindet sich augenblicklich in der Erprobungsphase. Er kann im Berliner Landesinstitut für Schule und Medien unter folgender Adresse angefordert werden: Alte Jakobstr. 12, 10969 Berlin.

[2] Die Unterrichtsreihe : Claude Boujon: *Je mangerais bien une souris* wird demnächst als Handreichung des LISUM publiziert werden.

[3] Die Zeichnungen zu den Texten wurden von einem Schüler der 6. Klasse der 13. Grundschule Hellersdorf angefertigt.

## Literaturhinweise

Albault, Corinne (1993): *101 poésies et comptines*. Paris: Bayard Editions.
Bildungskommission NRW (1995): *Zukunft der Bildung – Schule der Zukunft: Denkschrift der Kommission „Zukunft der Bildung – Schule der Zukunft" beim Ministerpräsidenten des Landes Nordrhein-Westfalen.* Neuwied, Kriftel, Berlin: Luchterhand.
Boujon, Claude (1990): *Je mangerais bien une souris*. Paris: l´école des loisirs.
Doyé, Peter (1997): Die Kontroverse um „Systematischen Fremdsprachenunterricht und Sprachbegegnung". In: Reichel, Katrin u.a. (Hrsg.): 45-51.
Hagège, Claude (1996): *L´enfant aux deux langues*. Paris: Editions Odile Jacob.
Mertens, Jürgen (2000): Anknüpfung statt Weiterführung - oder: Grundschulfremdsprachen als Grundsteine vielfältiger Fremdsprachenkompetenz. *Neusprachliche Mitteilungen* 53/3:146-152.
Pelz, Manfred (1992): Zu Peter Doyé: „Systematischer Fremdsprachenunterricht vs. Begegnung mit Fremdsprachen". *Neusprachliche Mitteilungen* 45/3: 167 -168.
Pelz, Manfred (2000): Deutsch und Französisch in Kontakt – zur experimentellen Überprüfung eines Begegnungssprachenmodells. *Neusprachliche Mitteilungen* 53/1: 8-20.
Pelz, Manfred (2000): Sprachbegegnung und Begegnungssprache in der Grundschule. *Französisch heute* 31/4: 386-400.
Porcher, Louis / Groux, Dominique (1998): *L´apprentissage précoce des langues*. Paris: Presses Universitaires de France.

Prinz, Manfred (Hrsg.) (1999): *FFF - Frühes Fremdsprachenlernen Französisch. Giessener Beiträge zur Fremdsprachenpolitik.* Tübingen: Gunter Narr Verlag.

Reichel, Katrin / Sandfuchs, Uwe / Voss, Bernhard (Hrsg.) (1997): *Fremde Sprachen in der Grundschule.* Bad Heilbrunn: Klinkhard.

Rück, Heribert (1998): Französisch in der Grundschule: Die Chance nutzen. *Grundschulunterricht* 45/1, Beiheft: 40-45.

Rück, Heribert (2000): Vom Hörverstehen zum Sprechen. *Französisch heute* 31/4: 412-424.

Sambanis, Michaela (2000): Neue Perspektiven für den Fremdsprachenfrühbeginn? *Französisch heute*, 31/ 3: 344-359.

Sarter, Heidemarie (1997): *Fremdsprachenarbeit in der Grundschule. Neue Wege. Neue Ziele.* Darmstadt: Wissenschaftliche Buchgesellschaft.

Sarter, Heidemarie (1999): Fremdsprachen in der Grundschule als Progression in der Mündlichkeit. In: Prinz, Manfred (Hrsg.): 29-42.

Sekretariat der Ständigen Konferenz der Kultusminister der Länder in der Bundesrepublik Deutschland (Hrsg.) (1994): *Gutachten zum Fremdsprachenunterricht in der Bundesrepublik Deutschland. Überlegungen zu einem Grundkonzept für den Fremdsprachenunterricht.* Bonn: Nassestr. 8, 53113 Bonn.

Senator für Schule, Jugend und Sport/ Berlin (Hrsg.) (1999): *Entwurf des Rahmenplans Französisch für Berlin-Brandenburg Sek I.* 10117 Berlin: Sen SJS, Beuthstr. 6-8.

Sauer, Helmut (2000): Frühes Fremdsprachenlernen in Grundschulen – ein Irrweg? *Neusprachliche Mitteilungen* 53/1: 2-7.

Thüringer Institut für Lehrerfortbildung, Lehrplanentwicklung und Medien (Hrsg.) (1998): *Was ist neu an den Thüringer Lehrplänen?* 99438 Bad Berka: ThILLM, Heinrich-Heine-Allee 2-4.

# Frühbegegnung Französisch / Englisch „Spandauer Parallelmodell"

*Maria Baring*

Die Grundschule am Windmühlenberg in Berlin-Spandau ist eine zweizügige Schule mit ca. 300 Kindern. Sie liegt im Süden Spandaus am Rande der Gatower Feldflur, unweit der Havel. Das Einzugsgebiet besteht vorwiegend aus bürgerlichen Familien. Es gehen auch die Kinder aus dem Albert-Schweitzer-Kinderdorf in unsere Schule. Insgesamt sind fast alle Eltern sehr interessiert am schulischen Werdegang ihrer Kinder und erweisen sich als konstruktive Partner. Die Schule verfügt über einen engagierten Gesamtelternvorstand und einen aktiven Förderverein. Insgesamt haben wir gute Arbeitsbedingungen.

## Die Entstehung des Parallelmodells

Unsere Schule hatte für das Schuljahr 1998/99 abweichend von den Modalitäten der Rundschreiben III Nr. 37/97 und III Nr. 36/98 eine Frühbegegnung mit den Fremdsprachen Englisch **und** Französisch beantragt.

Durch die zweijährige Frühbegegnung mit beiden Fremdsprachen (FF) soll eine Offenheit für beide Sprachen entwickelt und eine echte Entscheidungshilfe für die Wahl der ersten Fremdsprache gegeben werden.

Das mittlerweile als „Spandauer Modell" bezeichnete Verfahren hat in ganz Berlin Interesse gefunden und wird nun in 10 Bezirken in 15 Schulen praktiziert.

## Durchführung

Wir haben uns auf die Frühbegegnung mit Französisch und Englisch eingelassen, ohne organisatorische, ohne rahmenplanähnliche Vorgaben, ohne zusätzliche Stunden, ohne wissenschaftliche Begleitung.

Die ersten Fortbildungen fingen zögerlich an. Jedoch, wir waren an unserer Schule begeistert dabei, etwas Neues auszuprobieren, ohne Zensurendruck und in eigener Regie.

Inhaltlich haben wir uns anfangs an die Vorgaben der Lehrerhandbücher gehalten, später mehr an die Fortbildung vom LISUM; damals noch BIL. Für Französisch gibt es eine berlinweite Fortbildung, für Englisch bezirkliche.

## 1. Organisation

Die Frühbegegnung mit Englisch und Französisch findet zweimal wöchentlich zu je 22,5 Minuten in den 3. und 4. Klassen statt. Es hat sich ein festes Assoziationsschema bewährt, nach dem an festgelegten Wochentagen Englisch (z.B. Montag und Mittwoch) von der Lehrerin X unterrichtet wird.

An den Wochentagen Dienstag und Donnerstag wird dann Französisch von der Lehrerin Y angeboten.

Die Frühbegegnung ist integraler Bestandteil des Vorfachlichen Unterrichts und wird in unterschiedlichen Lernbereichen, wie Musik, Sachkunde, Sport, Bildende Kunst oder Mathematik eingebaut.

In den Vorfachlichen Unterricht integriert werden Themen wie Zahlen, Farben, Jahreszeiten, Uhrzeiten, Schulgegenstände, Kleidung, Körperteile, Lebensmittel; Feste und Gebräuche behandelt. Dabei sprechen sich die Kollegen ab, damit dieselben Themen nicht zeitgleich behandelt werden.

So wie auch im letzten Rundschreiben III Nr. 6/2000 geschildert, wird die Frühbegegnung mit den Fremdsprachen erlebnisorientiert durchgeführt. „Dazu gehört eine spielerisch und musisch betonte Kommunikation, der Erwerb eines Basiswortschatzes, die Ausbildung der Hörfähigkeit und das vorwiegend imitative Sprechen in adäquater Aussprache."

Die Frühbegegnung wird nach verschiedenen Prinzipien durchgeführt:

- Prinzip der **Mündlichkeit**, d.h. die mündliche Kommunikation steht im Vordergrund, das Schriftbild wird ggf. zur visuellen Unterstützung angeboten, insbesondere für leistungsstärkere Schüler.

- Prinzip der **Anschaulichkeit**, d.h. das Angebot neuen Wortmaterials (Wörter, Satzmuster) geht einher mit der Veranschaulichung durch Bilder, Symbole, Gestik und Mimik.

- Prinzip des **ganzheitlichen Lernens**, d.h. mit allen Sinnen; die Schüler lernen über die sinnliche Wahrnehmung, riechen, schmecken, hören usw., außerdem wird das sprachliche Handeln durch Bewegung, Tanz und manuelle Tätigkeiten unterstützt.

- Die Einbettung des Sprachmaterials erfolgt in **Situationen und Zusammenhänge**, dabei werden die sprachlichen Strukturen in Geschichten oder Handlungen eingebettet.

- Das Prinzip der **Imitation und der Wiederholung**, dabei variieren sprachliche Strukturen im sprachlichen Handeln durch z.B. Rollenspiele und Dialoge. Ein wichtiges methodisches Mittel ist dabei das **Rhythmisieren** in Zusammenhang mit Bewegung bei der Einprägung von Texten.

- Das Prinzip der **Interaktion**, im Sinne eines Dialogs zwischen Lehrer und Schülern als wichtigstes Mittel der Kommunikation, unterstützt durch den Gebrauch der Handpuppe und das

- Prinzip des **spielbetonten** Lernens, d.h. Spiele und Lieder werden zur Vermittlung sprachlicher Inhalte, zum Einprägen und Wiederholen eingesetzt.

- Prinzip der **Einsprachigkeit**, d.h. der Unterricht erfolgt vorwiegend in Englisch oder Französisch. Die Kinder sollen den Klang der Sprache nachempfinden, sollen Sprachmuster erlernen und situativ anwenden können.

Die größte Kunst besteht in der Auswahl des inzwischen reichen Materials für die Frühbegegnung, in der Strukturierung der Wiederholung, der Organisation eines allmählichen Aufbaus von Fähigkeiten. Lehrwerke werden nicht als Arbeitsgrundlage für die Schüler genutzt. Diese haben ein eigenes Heft, ein sogenanntes *cahier trésor*, in das sie ihre Ergebnisse eintragen, zeichnen usw.

## 2. Lernzuwachs

Dabei achten wir nicht nur auf einen **erlebnis**orientierten Umgang mit den Sprachen, sondern auch auf einen **ergebnis**orientierten.

Die Schüler wissen z.b., dass es im Französischen zwei Artikel gibt. Zur Kennzeichnung erhalten die männlichen Substantive auf den Wortkarten einen blauen Punkt, die weiblichen einen roten. Wir achten auf die Veränderlichkeit des Adjektivs, z.b. bei *blanc-blanche, vert-verte*.

Es werden immer wieder dieselben Satzstrukturen gewählt, um durch Ritualisierung einen Behaltenseffekt zu erzielen. Es wird bei Dialogen auf die Reihenfolge SPO (Subjekt, Prädikat, Objekt) geachtet und der Gebrauch von Präpositionen und Pronomen geübt. Dabei sprechen wir im Präsens. Lieder und Reime sind nicht Selbstzweck; die darin vorgegebenen Sprachmuster werden in anderen Situationen angewandt. Allerdings: Wir erwarten keine grammatikalische Kompetenz.

Für Schüler, die es nutzen können und möchten, wird oft das Schriftbild zur Visualisierung angeboten und auch das Abschreiben oder Zuordnen von Wörtern zu Bildern erbeten. Fehlerhafte Wörter werden korrigiert.

## 3. Evaluation und Erfahrungswerte

Hier möchte ich den Aspekt der Evaluation und der Erfahrungswerte unserer Lehrer nach drei Jahren Frühbegegnung ansprechen.

Was können die Kinder denn nun wirklich? Diese Frage beschäftigt in ganz anderen Zusammenhängen Lehrer, Eltern, Bildungsforscher, Senatoren usw. Denken Sie an die TIMMS oder PISA-Studien.

Für unseren kleinen Bereich der Frühbegegnung bin ich sehr dankbar, dass z.B. Prof. Zydatiß eine Staatsexamensarbeit angeregt hat, allerdings mehr unter dem Schwerpunkt der Evaluation im Englischen. Ich erachte es für wichtig, dass weitere Arbeiten zu diesem Thema geschrieben werden.

Für die Frühbegegnung mit Französisch habe ich in Absprache mit einer Studentin eine Art Evaluation entwickelt, die zu den Aspekten Hör- und Sprachverständnis, Aufgabenverständnis und Ausführung von Arbeitsaufträgen Ergebnisse liefert.

Danach können die Kinder - je nach individueller Lernausgangslage - Gegenstände benennen, Aufträge ausführen und schwierige Sätze nachsprechen.

**Erfahrungswerte der Kollegen**

In regelmäßigen Abständen halte ich Teamsitzungen aller an der Frühbegegnung beteiligten Kollegen ab, die alle begeistert und engagiert dabei sind. In kurzen Zügen möchte ich Ihnen die wesentlichsten Erfahrungswerte mitteilen:

1. Das Organisationsschema hat sich bewährt, allerdings sollte der Frühbegegnungslehrer mehrere Stunden in der Klasse unterrichten, damit er die Frühbegegnung flexibel in den Lernbereichen einordnen kann.

2. Die Schüler lieben es, in beiden Sprachen zu singen und zu sprechen, sind sehr motiviert und freuen sich immer wieder, bei Veranstaltungen ihre Englisch- und Französischkenntnisse vorzuführen.

3. Das authentische Sprachvorbild durch die französische Fremdsprachenassistentin erleichtert die Arbeit für den Lehrer und erhöht die Motivation beim Schüler.

4. Die Schüler gehen unbefangen an die Sprachen heran.

5. Sie wiederholen Gelerntes (Verse und Lieder) in Alltagssituationen

6. Die Schüler sind stolz, dass sie beide Sprachen lernen dürfen.

7. Lernpsychologisch und auch medizinisch gesehen ist die Frühbegegnung mit Fremdsprachen gerade im vorpubertären Alter besonders günstig (Synapsenbildung im Gehirn).

8. Die Schüler vergleichen durchaus die Benennungen von Begriffen in den verschiedenen Sprachen und freuen sich, wenn sie sich erinnern.

9. Wir beobachten nicht, dass die Hälfte Zeit auch die Hälfte Ergebnis ist. Vielmehr erweist es sich als große Bereicherung, beiden Sprachen begegnen zu können, Kultur und Länderkunde in minimalen Dosen zu erleben. Unsere Kinder wissen, wie man in Frankreich und England Weihnachten feiert, backen und essen z.B. eine *bûche de Noël* und *Christmas-cookies*.

10. Die Erfahrungswerte aus den 5. Klassen in Englisch und Französisch zeigen, dass die Fremdsprachenwahl mit viel größerer Kompetenz und Sicherheit geführt worden ist. Kein Kind musste den Kurs wechseln.

11. Weiterhin ist zu bemerken, dass auf den Vorkurs verzichtet werden konnte und die Schüler die Satzstrukturen, die sie verinnerlicht hatten, anwenden konnten und eine gute Aussprache hatten. Hörverständnis, das sich in den zwei Jahren der Frühbegegnung angebahnt hat, trägt Früchte. Das Einhören in die Sprache hat eine Sensibilisierung für den Klang der jeweiligen Sprache ermöglicht.

12. Die Unterstützung des Institut Français und der französischen Botschaft wird bei den Schülern und insbesondere bei den Eltern sehr positiv vermerkt und es wird nach der Präsenz der englischen Behörden gefragt.

13. Als Kritik wird formuliert, dass den Kollegen Zeit vom Vorfachlichen Unterricht genommen wird.

14. Als Kritik wird gerade in Englisch bei den schwächeren Schülern beobachtet, dass sie Wörter zwar sprechen, aber nicht schreiben können (z.B. wird das „e" bei *have* weggelassen).
15. Eine weitere Kritik liegt in der fehlenden Qualifikation der Lehrer, gerade in Englisch. Man hat selbst für den Fremdsprachenunterricht Kl. 5 in Englisch nicht genügend Fachlehrer- für Gesamtberlin gesehen; bei einer flächendeckenden Einführung der Frühbegegnung mit Englisch und Französisch auch nicht genügend Französischlehrer. Da sind die Hochschulen gefragt. Man könnte darüber nachdenken, wieder Lehrer mit dem einen Wahlfach Französisch als Studiengang zuzulassen.
16. Von Kollegen anderer Schulen höre ich Vorbehalte bei Schülern nichtdeutscher Herkunftssprache. Man bedenke jedoch, dass diese Schüler von demselben sprachlichen Level an die neuen Sprachen herangehen und oftmals - als türkische oder polnische Kinder - sogar eine besondere Affinität gerade zum Französischen besitzen.

**Literatur**

Doyé, Peter (1986): *Typologie der Testaufgaben*. München: Langenscheidt.

Doyé, Peter / Lüttge, Dieter (1975): Der Braunschweiger Schulversuch: „Frühbeginn des Englischunterrichts (FEU)". In: Niedersächsisches Kultusministerium: *Schulversuche und Schulreform*. Hannover: Schroedel.

Senatsverwaltung für Schule, Jugend und Sport: Rundschreiben III Nr. 37/97 und III Nr. 36/98, Rundschreiben III Nr. 6/2000

# Zur Entwicklung bilingualer Sprachfähigkeiten am deutsch/italienischen Standort der Staatlichen Europa-Schule Berlin (SESB)

*Sigrid Gräfe-Bentzien*

## Intentionen der Staatlichen Europa-Schule Berlin (SESB)

Die Entwicklung einer europäisch orientierten Schule in Berlin ist der Initiative diverser Institutionen, z.b. Elternvereinen, der Europa-Union und der Ausländerbeauftragten von Berlin, zu verdanken. Im Schuljahr 1992/93 nahm die Staatliche Europa-Schule Berlin mit den ersten Vorklassen ihre Tätigkeit auf. Dieses Modell wurde im April 1993 vom Berliner Abgeordnetenhaus zunächst für eine 6-jährige Grundschulzeit[1] als Schulversuch genehmigt, der inzwischen bis zum Schuljahr 2004/2005 verlängert wurde. Ziel des Schulversuchs ist „die integrierte Erziehung bilingualer Lerngruppen bei durchgehend zweisprachigem Unterricht." (Drucksache 12/2731 1993: 1) Der gemeinsame Unterricht von Kindern verschiedener Nationen soll über die Verbreitung von Mehrsprachigkeit hinaus auch als Ansatzpunkt für eine interkulturelle Erziehung genutzt werden. Insofern hat die SESB zwei hauptsächliche Anliegen:

- Förderung bzw. Vermittlung einer bilingualen Sprachkompetenz,
- Nicht nur bikulturelle, sondern interkulturelle Erziehung.

In Bezug auf die Intentionen der SESB beruft sich das zuständige Berliner Ministerium auf die bereits 1978 von der Kultusministerkonferenz vorgelegte Empfehlung über „Europa im Unterricht". In diesen länderübergreifenden Leitlinien wird die Förderung des bilingualen Unterrichts als eine von zehn Maßnahmen zur Weiterentwicklung des Lernbereichs Europa vorgeschlagen und die Notwendigkeit einer Erziehung zur Toleranz und zum Abbau von Vorurteilen unter gleichzeitiger Anerkennung der europäischen Vielfalt betont. Erfahrungen mit der Kultur und Sprache europäischer Nachbarn und mit der geografischen Vielfalt europäischer Länder sollen vor allem den Prozess des Zusammenwachsens in Europa vorbereiten.

> Die SESB ist ein vorausschauendes Schulangebot, in dem Berliner Schüler auf die Welt – auch die Arbeitswelt – von morgen vorbereitet werden: ein Europa der offenen Grenzen, das sich zusammenschließt. Mehrsprachigkeit wird im künftigen Europa eine Notwendigkeit sein und eines der wichtigsten Dinge, die wir jungen Menschen mit auf den Lebensweg geben können. Toleranz auf der Basis von Kennen und Können als Leitziel der SESB dient einem friedlichen und produktiven Zusammenleben in Europa. (Elterninformationsblatt 1992: 2).

Der Europabezug gehört an der Staatlichen Europa-Schule Berlin zum festen Bestandteil jeder Unterrichtseinheit. Bei der Planung der zentralen Sachthemen sollen ausdrücklich jeweils auch Aspekte einbezogen werden, die dem Thema eine *europäische Dimension* verleihen. Wenn auch die Anbahnung einer europäischen Identität im Vordergrund steht, bleibt die Auswahl dabei keineswegs auf eurozentrierte Inhalte beschränkt, denn keinesfalls soll das überholte Muster nationalstaatlichen Denkens auf die größere Einheit Europa übertragen werden. Um im Sinne einer solchen weltoffenen Erziehung bei dem notwendigen Prozess der europäischen Einigung eine Abgrenzung gegen außereuropäische Kulturen zu vermeiden, wird im Unterricht der SESB nicht nur auf das Partnerland oder nur auf europäische Länder und Kulturen Bezug genommen, sondern werden beispielsweise auch Lebensweisen aus anderen Ländern behandelt. Dem Einbezug außereuropäischer Länder kommt die Herkunft der Schüler aus verschiedenen Kontinenten bei einigen von der SESB angebotenen Sprachkombinationen (Französisch, Spanisch, Englisch) im Gesamtkonzept der interkulturellen Erziehung sehr entgegen. Da es in der Grundschule ohnehin zum Prinzip des Unterrichts gehört, die Erfahrungen der Kinder aufzugreifen, kann an diesen Standorten durch Beiträge der Kinder oder ihrer Eltern die *europäische Dimension* in ihrer erweiterten Auslegung praxisnah in die Unterrichtsinhalte integriert werden.

## Organisatorische Grundlagen der SESB

Die Staatliche Europa-Schule Berlin (SESB) begann mit der Einrichtung von Vorklassen an zunächst sechs Standorten für drei Sprachkombinationen. Bis zum Schuljahr 1999/2000 wurde der sprachintensive Schulversuch auf neun Sprachkombinationen ausgeweitet, jeweils Deutsch mit Englisch, Französisch, Russisch, Spanisch, Italienisch, Türkisch, Griechisch, Portugiesisch oder Polnisch. Im Endausbau der mittlerweile vierzehn Standorte im Grundschulbereich und den weiterführenden Standorten in der Sekundarstufe werden in Berlin mehr als 6000 Schüler an Europa-Schulen unterrichtet werden. Die SESB ist in Berlin kein gesonderter Schulzweig, sondern bis auf zwei Standorte (meist zweizügig) einer Regelschule als sprachintensive Variante angegliedert und an die für die Berliner Grundschule geltenden Rechtsvorschriften sowie den Berliner Rahmenplan gebunden. Für die Umsetzung der „europäischen Dimension" und den Unterricht der Partnersprachen sind zusätzliche Rahmenpläne in der Entwicklung.

Die Züge der SESB stehen grundsätzlich allen Berliner Schülern offen, da die Einschulungsbereiche für die Europa-Schule aufgehoben sind. Doch wird die Nachfrage bei den meisten Sprachkombinationen durch die Entfernung des Wohnorts vom Standort wegen der weiten Fahrwege gezügelt. Nur deutsch/spanische und deutsch/griechische Kombinationen sind sowohl im Osten wie im Westen der Stadt vertreten. Während Englisch (zweimal nur im Südwesten der Stadt), Französisch (zweimal, davon einmal im Südwesten und einmal im Norden), Italienisch, Türkisch und Polnisch nur in den Westbezirken angeboten werden, können Schüler Portugiesisch und Russisch (zweimal) nur an Europa-Schulen in Ostbezirken lernen. Bei zu vielen Anmeldungen entscheiden soziale Bindungen (Geschwisterkind bereits an diesem Standort der SESB) oder ein getrennt nach Muttersprache durchgeführtes Losverfahren über die Aufnahme.

Der bilinguale Spracherwerb soll sowohl durch die ausgewogene Zusammensetzung der SESB-Klassen aus Schülern mit der Muttersprache Deutsch und Schülern der nichtdeutschen Sprache sowie durch den Unterricht zu annähernd 50% in beiden Sprachen durch muttersprachliche Lehrkräfte gefördert werden. Die Frequenz in den SESB-Klassen mit ca. 24 - 28 Schülern (beim Sprachunterricht etwa 12 - 14 Schüler mit der Muttersprache Deutsch bzw. mit der anderen Muttersprache) ist im Vergleich mit der Berliner Grundschule relativ niedrig. Die Stundentafel der SESB-Schüler ist wegen des intensiveren Sprachanteils etwas umfangreicher als der anderer Berliner Grundschüler.

Stundentafel: Stundenzahl und Stundenverteilung in den Klassen der Grundschule der SESB einschließlich der Vorklasse

| Lernbereiche | Vor-klasse | Vorfachlicher Unterricht | | | | Fachunterricht | | Unterrichtsfächer |
|---|---|---|---|---|---|---|---|---|
| | | 1 | 2 | 3 | 4 | 5 | 6 | |
| Erstsprache | | 7 | 7 | 6 | 6 | 5 | 5 | Erstsprache [1] |
| Partnersprache | | 3 | 4 | 6 | 6 | 5 | 5 | Partnersprache |
| Mathematik | | | 5 | 5 | 5 | 5 | 5 | Mathematik |
| BK/Musik | | | 3 | 3 | 3 | 3 | 3 | BK/Musik |
| | 10[2] | | | | | 2 | 1 | Biologie |
| Sachkunde | | | 2 | 3 | 5 | 1 | 2 | Erdkunde |
| | | | | | | 2 | 2 | Geschichte/Sozialkunde |
| | | | | | | 5 | 5 | neue Fremdsprache |
| Sport | | 2 | 2 | 2 | 2 | 2 | 2 | Sport |
| Gesamtstundenzahl: | | | | | | | | |
| Vorschulerziehung | 21 | | | | | | | |
| Vorfachlicher Unterricht | | 22 | 23 | 25 | 27 | | | |
| Fachunterricht | | | | | | 30 | 30 | |
| Förderunterricht in allen Klassenstufen[3] | | 2 | 2 | 2 | 2 | 2 | 2 | Förderunterricht in allen Klassenstufen[3] |

[1] Unterricht in getrennten Gruppen.
[2] Mit gleichem Anteil von Unterricht in beiden Partnersprachen.
[3] Förderunterricht, um bevorzugt Defizite im Spracherwerb in den Muttersprachen auszugleichen.

aus: Unterrichtspläne für die Partnersprachen der Staatlichen Europa-Schule Berlin (SESB) -Präambel (noch unveröffentlicht, Stand 1999)

Im Sprachunterricht werden die Schüler bis zum 8. Schuljahr nach Sprachgruppen getrennt unterrichtet, wodurch sie in den ersten beiden Grundschuljahren vorzugsweise in ihrer starken Sprache alphabetisiert werden. Der Unterricht in der *Partnersprache* findet zunächst nur mündlich statt, wobei für Kinder der nichtdeutschen Sprachgruppe Deutsch, für Schüler der deutschen Sprachgruppe unabhängig vom Grad der Sprachkompetenz die nichtdeutsche Sprache als Partnersprache gilt. In diesem zeitversetzten

Schriftspracherwerb unterscheidet sich das Konzept des Berliner Schulversuchs von vielen anderen bilingualen Schulprojekten, die wie z.b. die deutsch/italienischen Grundschulen in Wolfsburg, Stuttgart, Hagen und Freiburg eine koordinierte Alphabetisierung praktizieren. Die systematische Begegnung mit der Schrift der anderen Sprache setzt an der SESB erst gegen Ende des zweiten Schuljahres ein.

Da die Schüler auch im Partnersprachunterricht getrennt unterrichtet werden, ergibt sich jedenfalls an den Standorten, an denen nicht im Zuge des Ausbaus bis zur 6. Klassenstufe zunehmender Raummangel das Zusammenlegen des Sprachunterrichts von Parallelklassen bedingt, im Primarbereich in bis zu 14 Stunden Teilungsunterricht eine von der Gruppengröße her günstige Lernsituation (etwa nur 12 Schüler). Durch die häufige Trennung nach Sprachgruppen findet an der SESB allerdings das gemeinsame Lernen gemischtsprachiger Gruppen seltener statt als bei anderen bilingualen Projekten. Ein sprachlicher peer-group-Effekt kann nur beim übrigen Unterricht auftreten, der zu gleichen Anteilen in der deutschen und in der nichtdeutschen Sprache im Klassenverband erfolgt, und zwar Mathematik und meistens auch Sport in deutscher Sprache, Sachkunde und oft auch die musisch-ästhetische Bildung in der nichtdeutschen Sprache.

Für die Zuordnung zur deutschen oder nichtdeutschen Sprachgruppe ist die Muttersprache nach Elternangabe maßgeblich. Wegen des begrenzten Angebots an Plätzen in der deutschen Sprachgruppe melden Eltern gelegentlich ihre Kinder jedoch als Muttersprachler der anderen Sprache an, obwohl sie in dieser Sprache nur sehr schwache Fähigkeiten aufweisen. Nur in der Vorklasse längerfristig durchgeführte Beobachtungen können solche Fehleinschätzungen rechtzeitig entdecken und eine das Kind überfordernde Zuordnung verhindern. Außerdem haben Kinder der nichtdeutschen Muttersprache, die überwiegend in Deutschland aufgewachsen sind, häufig erhebliche Schwächen in ihrer sogenannten starken Sprache. Ihnen bietet die SESB durch den muttersprachlichen Unterricht gute Fördermöglichkeiten, womit einer eventuellen doppelten Halbsprachigkeit vorgebeugt werden kann. Doch wenn eine Sprachgruppe aus sehr vielen Schülern mit einer nicht altersgemäßen Sprachkompetenz besteht, ist die Ausgewogenheit nicht mehr gegeben und damit auch das gegenseitige Sprachenlernen gefährdet.

Zwar gilt an der SESB die Partnersprache im Sinne des Hamburger Abkommens schon als 1. Fremdsprache, doch wird in der Grundschule – zur Zeit noch ab dem 5. Schuljahr – zusätzlich eine weitere Fremdsprache (Englisch bzw. Französisch) obligatorisch. Am Gymnasium ist außerdem der Unterricht in einer 3. Fremdsprache ab Klasse 7 oder Klasse 9 vorgesehen. Da sich erst die Pilotjahrgänge des Schulversuchs im Schuljahr 2000/01 mit den Sprachkombinationen Deutsch / Englisch – Französisch – Russisch in der Sekundarstufe befinden, handelt es sich bei den anderen Sprachkombinationen noch ausschließlich um Grundschulen. Die Weiterführung in der Sekundarstufe erfolgt bei den Sprachkombinationen mit Französisch und Russisch an Gesamtschulen, an denen die schon in der Grundschule zu beobachtende heterogene Lernentwicklung der SESB-Schüler berücksichtigt werden kann. Die deutschenglische Variante wird dagegen in einem Kooperationsmodell von Gymnasium und Realschule fortgeführt, was auch für die deutsch/italienische Sprachkombination vorgesehen ist. Für andere Sprachkombinationen steht die Entscheidung über die Art der Fortführung in der Sekundarstufe zur Zeit noch aus.

## Charakteristika der SESB

| offiziell vorgesehen | Anmerkungen zur Umsetzung |
| --- | --- |
| ausgewogenes Verhältnis der Schüler mit deutscher und nichtdeutscher Herkunftssprache „Diese Bedingung ist ... für den Erwerb der Partnersprache fundamental." (Elterninformationsblatt 1992: 3) | Die Zuordnung zu den Sprachgruppen ist selten ideal. Bei manchen Sprachkombinationen gefährden zu wenig Schüler mit altersgemäßer Kompetenz in der nichtdeutschen Sprache und die starke Heterogenität der Lerngruppen das Spracherwerbskonzept. |
| „durchgehend zweisprachiger Unterricht" (Drucksache 12/2731 1993: 1) | Darunter ist an der SESB nicht gleichzeitiger Unterricht mit Lehrkräften beider Sprachen zu verstehen, sondern der etwa 50%ige Unterrichtsanteil der beiden am Standort vertretenen Sprachen. Kooperations-Unterricht kann nur gelegentlich beim Zusammenlegen von Teilungsstunden organisiert werden. |
| „annähernd 50 % soll in der nichtdeutschen Partnersprache unterrichtet werden (nicht nur in zwei Sachfächern)" (Drucksache 12/2731 1993: 2) | Da nur die nicht nach Sprachgruppen getrennte Unterrichtszeit jeweils zu 50 % in Deutsch oder der Partnersprache erfolgt, ergibt sich ein ausgewogenes Verhältnis erst ab dem 3. Schuljahr. Während der Alphabetisierung in den ersten beiden Grundschuljahren läuft die Trennung nach Sprachgruppen auf einen bis zu doppelt so großen Unterrichtsanteil der deutschen bzw. der anderen Sprache hinaus. |
| muttersprachliche Lehrer sind der Regelfall (vgl. Höttler 1998: 5) | Im Unterricht der Grundschule werden in beiden Sprachen konsequent muttersprachliche Lehrkräfte eingesetzt. Die überwiegend jungen nichtdeutschen Kollegen bilden in der Tat das große Plus der SESB, da sie das Konzept besonders engagiert und kreativ umsetzen. |
| „An den Zügen der SESB unterrichten 50% Lehrer mit der Muttersprache Deutsch und hervorragenden Kenntnissen in der anderen Partnersprache (Fachstudium oder Sprachprüfung), 50% mit der anderen Partnersprache als Muttersprache und hervorragenden Deutschkenntnissen." (Drucksache 12/2731 1993: 2) | Tatsächlich sprechen zwar die meisten nichtdeutschen Lehrkräfte ausgezeichnet Deutsch, aber nur wenige deutsche Lehrkräfte haben gute Kenntnisse in der Sprache der anderen Hälfte ihrer Schüler und deren Eltern. Außerdem haben deutsche Lehrkräfte kaum eine spezielle Ausbildung in Deutsch als Zweitsprache. |

| offiziell vorgesehen | Anmerkungen zur Umsetzung |
|---|---|
| Der sachkundliche Bereich wird in der nichtdeutschen Sprache erteilt und stellt zumindest im vorfachlichen Unterricht in den ersten vier Grundschuljahren das zentrale Thema über mehrere Wochen dar. Das Thema mit der jeweils angestrebten europäischen Dimension wird auch in anderen Unterrichtsinhalten einschließlich der Muttersprache und der Mathematik auf verschiedene Weise aufgegriffen. (vgl. Sukopp 1996) | Mit der Übertragung des sachkundlichen Aspekts als zentralem Teil des weitgehend dem Immersionsprinzip folgenden Spracherwerbskonzepts liegt die hauptsächliche Verantwortung für das Gelingen des Schulversuchs bei den nichtdeutschen Lehrkräften. Die Vernetzung der Unterrichtsinhalte scheitert leider an vielen Standorten am notwendigen Planungsaufwand und mangelnder Kooperationsbereitschaft. |
| Grundsatz von der Gleichwertigkeit der Kulturen „Im zweisprachigen Kollegium der SESB-Schulen ist das Europa der über die Grenzen frei wählbaren Arbeitsplätze schon Realität." (Elterninformationsblatt 1992: 3) | Zu der viel Engagement erfordernden Leistung steht die gegenüber den deutschen Kollegen oft geringer ausfallende Bezahlung der nichtdeutschen Lehrkräfte in krassem Widerspruch. Die mangelnde finanzielle Gleichstellung wird in den meisten Fällen durch noch nicht gelungene Anerkennung der im Heimatland erworbenen Studienabschlüsse erklärt. |
| Ergänzend zum bilingualen Unterricht ist im gebundenen Ganztagsbetrieb der Grundschule eine ebenfalls bilinguale Nachmittagsbetreuung vorgesehen. Dabei soll mit der Betreuung durch Erzieher mit im Regelfall (vgl. Höttler 1998: 5) nichtdeutscher Muttersprache durch Aktivitäten in der nichtdeutschen Partnersprache dem Übergewicht der deutschen Umgebung ein Ambiente der Partnerkultur gegenübergestellt und der Kontakt mit der nichtdeutschen Sprache gestärkt werden. | Erzieher mit nichtdeutscher Muttersprache im gebundenen Ganztagsbetrieb sind die Ausnahme. Tatsächlich werden wegen eines Personalüberhangs von deutschsprachigen Erziehern bei der Nachmittagsbetreuung fast nur deutsche Erzieher eingesetzt. An einigen Standorten organisieren die Konsulate oder die Eltern auf eigene Kosten zusätzlich Angebote in der nichtdeutschen Partnersprache. |

## Entwicklung der Sprachfähigkeiten in der Primarstufe am deutsch/italienischen Standort der SESB

Nach acht Jahren liegen beim Schulversuch der Staatlichen Europa-Schule Berlin nunmehr zahlreiche Erfahrungen vor, aus denen intern schon teils optimistische, teils aber auch bedenkliche Einschätzungen hinsichtlich des Erfolgs des SESB-Konzepts abgeleitet werden konnten, doch eine wissenschaftliche Evaluierung hat kaum stattgefunden. Die bislang umfangreichste Untersuchung, die von einem Mitglied des wissenschaftlichen Beirats bei fünf Sprachkombinationen jeweils gegen Ende des 2. Schuljahres durchgeführt wurde, beschränkte sich auf die Überprüfung des Hörverständnisses und konnte in Ermangelung von Daten zu den Eingangsvoraussetzungen keine Aussagen zur Entwicklung der Sprachfähigkeiten treffen (vgl. Doyé 1998). Im Mai 1999 konnte am deutsch/italienischen Standort der SESB in Kooperation mit dem Fachbereich Romanische Philologie der FU Berlin erstmals eine wissenschaftliche Untersuchung durchgeführt werden, die auf der Grundlage von Beobachtungen zu den Sprachfähigkeiten zum Schulanfang (Vorklasse bzw. 1. Schuljahr) die Entwicklung der bilingualen Sprachkompetenz bei den SESB-Schülern eines Jahrgangs auf mehreren sprachlichen Ebenen erfasst.

Bei dieser Untersuchung handelt es sich um eine zwischenzeitliche Beobachtung gegen Ende des 2. Schuljahres im Rahmen einer geplanten Langzeitstudie. Mit einem speziell für diese Untersuchung entwickelten strukturierten Beobachtungsverfahren wurden bei 15 verschiedenen Untersuchungsanordnungen Daten zu den Sprachbereichen Phonematik/Prosodie, Hörverständnis, Wortschatz, Morphosyntax, Begriffsbildung, Schreibfertigkeit (nur starke Sprache), Lesefertigkeit sowie zum Kommunikativen Sprachverhalten in beiden Sprachen erhoben. Der Schwerpunkt der Untersuchung lag im produktiven mündlichen Sprachgebrauch. Dem Alter der Probanden entsprechend wurde versucht, trotz der zur nachträglichen Auswertung notwendigen Tonaufzeichnungen eine Testatmosphäre zu vermeiden. Die integrativen Aufgaben bestanden z.B. aus Gruppenaktivitäten im gewohnten Klassenverband, Bildimpuls-gesteuerten Interviews oder Partnerspielen.

Eine Punktezuordnung erfolgte zum Zweck der statistischen Datenanalyse erst nach einer qualitativen Auswertung anhand sprachspezifisch ausgewählter linguistischer Kategorien. Ergänzende Erhebungen bei monolingualen Kontrollgruppen in Berlin und Italien erlauben einen Vergleich mit altersgemäßen Sprachleistungen. Alle Untersuchungsergebnisse unterliegen angesichts der statistisch noch sehr geringen Anzahl von insgesamt nur 55 Pbn allerdings einem gewissen Vorbehalt, bis zur Bestätigung durch weitere Untersuchungen vorerst nur als Tendenzen interpretiert werden zu dürfen. Die zufriedenstellenden Güteeigenschaften des Instrumentariums (Auswertungsobjektivität r = 0.98, Reliabilität von 0.83 bei Deutsch als Partnersprache bis 0.94 bei Italienisch als starker Sprache, vom Lehrerurteil abhängige Kriteriumsvalidität von 0.65 bis 0.84 schwankend) sowie das konventionelle Signifikanzniveau von 5% erlauben aber immerhin im Gruppenvergleich ziemlich gesicherte Aussagen.

Schon ein grober Vergleich zwischen den bei der Untersuchung an der SESB zum Schulanfang erreichten Rohwerten und den Beobachtungsergebnissen vom Ende des 2. Schuljahres anhand des Häufigkeitspolygons der aus italienischer und deutscher Sprachkompetenz gebildeten Mittelwerte lässt auf den ersten Blick einen allgemeinen Lernzuwachs erkennen, der über eine altersentsprechende Reifung der sprachlichen Entwicklung hinausgeht.[2]

Häufigkeitsverteilung der Mittelwerte Deutsch und Italienisch (Bezug max. 22 Punkte)

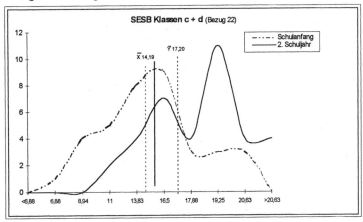

Der Mittelwert der Verteilung der Mittelwerte des 2. Schuljahres liegt um ca. 3 Punkte höher als beim Schulanfang. Angesichts der Zweigipfligkeit gegenüber dem eindeutigen Exzess zum Schulanfang fällt zugleich auf, dass sich der Lernfortschritt bei den Schülern offensichtlich nicht gleichmäßig eingestellt hat. Der schmalere, steile Gipfel lässt darauf schließen, dass ein Teil der Schüler stärker von dem bilingualen Unterrichtsangebot profitiert hat als die übrigen Schüler. Bei welchen Lernvoraussetzungen bzw. bei welcher Sprache sich ein größerer Lernerfolg eingestellt hat, geht aus Analysen zum Lernfortschritt hervor.

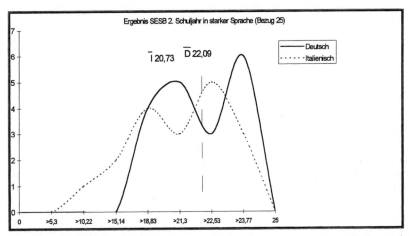

(y-Achse: Häufigkeiten, x-Achse: Gesamtpunktwert in starker Sprache; Mittelwert der monoling. Kontrollgruppen: 21,3 Punkte)

Danach besteht bei dem Konzept des bilingualen Spracherwerbs der SESB kein Anlass zu Befürchtungen einer allgemeinen Retardierung der Sprachentwicklung durch den gleichzeitigen Erwerb von zwei Sprachen schon in frühem Lernalter. Im Gegensatz zu den Ergebnissen kanadischer Immersionsprojekte, bei denen zumindest bis zum 4. Schuljahr ein Niveaurückstand bei den Erstsprachfähigkeiten beobachtet wurde, sind laut den hochsignifikanten Ergebnissen der Untersuchung zumindest am deutsch/italienischen Standort der SESB, abgesehen von wenigen Ausnahmen, bei den SESB-Schülern in der starken Sprache keineswegs Verzögerungen der Sprachentwicklung aufgetreten. Gegen Ende des 2. Schuljahres entsprechen die Sprachfähigkeiten der italienischen Sprachgruppe der SESB in allen vier Grundfertigkeiten (Hören, Sprechen, Lesen, Schreiben) den Sprachfähigkeiten der monolingualen Kontrollgruppe. Das Niveau der deutschen Sprachgruppe der SESB ist im Deutschen sogar etwas höher als bei der deutschen Kontrollgruppe, was aber nicht unbedingt als Verdienst der SESB gewertet werden darf, da die überdurchschnittlichen Sprachleistungen bei den Schülern deutscher Herkunft zumindest teilweise auch auf familiäre Förderung seitens der an sprachlicher Bildung besonders interessierten Eltern zurückzuführen ist.

Doch bei der italienischen Sprachgruppe spricht die altersgemäß vergleichbare Kompetenz eindeutig für den Erfolg des Unterrichts an der Staatlichen Europa-Schule Berlin, da die Sprachfähigkeiten im Italienischen bei etlichen Schülern dieser Gruppe zum Schulanfang keineswegs altersgemäß entwickelt waren. Bei den meisten dieser Schüler wurden durch die schulische Förderung nicht nur morphosyntaktische und lexikalische Schwächen im Mündlichen abgebaut, sondern konnte die italienische Sprachkompetenz einschließlich schriftsprachlicher Fertigkeiten auf ein altersgemäßes Niveau angehoben werden. Die in den ersten beiden Schuljahren nach Sprachgruppen getrennte Alphabetisierung sorgt durch den hohen muttersprachlichen Unterrichtsanteil bei den Schülern der italienischen Sprachgruppe somit für den Erhalt und den Ausbau der italienischen Sprachkompetenz, womit bei diesen Schülern die beim Aufwachsen in einer deutschen Umgebung ohne spezielle Förderung zu befürchtende Entwicklung sogenannter semilingualer Fähigkeiten verhindert wird.

Einer doppelten Halbsprachigkeit[3] wirkt auch entgegen, dass an der SESB parallel zur Festigung der Erstsprache bzw. einer simultan erworbenen zweiten Sprache von Anfang an auch Deutsch im Unterricht zu etwa gleichem Anteil eine Rolle spielt. Somit wird bei den Kindern mit italienischer Familiensprache vermieden, dass durch die Stärkung der Muttersprache nur sehr langsam Fähigkeiten in der Umgebungssprache erworben werden, wie das beim *Transitional Bilingual Education*-Programm in Kalifornien beobachtet wurde. An der SESB liegen die deutschen Sprachfähigkeiten bei den an der Untersuchung teilnehmenden Schülern der italienischen Sprachgruppe gegen Ende des 2. Schuljahres schon fast auf demselben Niveau wie bei der deutschen Sprachgruppe, so dass die Sprachfähigkeiten bei 83% dieser Gruppe (bei 15 von 18 Schülern) als annähernd bilingual bezeichnet werden können.

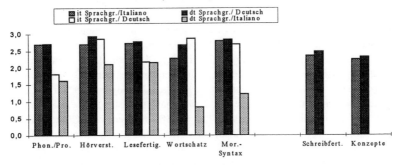

Nur das zu diesem Zeitpunkt in der Schule noch kaum geübte Lesen deutscher Texte fällt den Kindern der italienischen Sprachgruppe noch relativ schwer. Wenn im 3. Schuljahr deutsche Texte stärker in den Unterricht einbezogen werden, sind aber auch in der Lesefertigkeit schnelle Fortschritte zu erwarten. Hinsichtlich des deutschen Spracherwerbs, bei dem sich der Einfluss der Umgebungssprache positiv bemerkbar macht, ist nach den Untersuchungsergebnissen davon auszugehen, dass wohl alle Schüler bald ausreichende Fähigkeiten aufweisen, um einem in deutscher Sprache erteilten Unterricht altersgemäß folgen zu können. Selbst die Sprachfähigkeiten der italienischen Kinder, die anfangs keinerlei Deutschkenntnisse hatten, sind am Ende des 2. Schuljahres schon mindestens dem *Waystage*-Niveau zuzuordnen.[4] Der Wortschatz und die morphosyntaktische Kompetenz haben sich je nach individuellem Lerntempo stetig bis sprunghaft erweitert. Da in Bezug auf die Aussprache deutscher Laute noch bei mehreren Kindern der italienischen Gruppe Mängel zu beobachten waren, wurde im deutschen Partnersprachunterricht der Phonetik vermutlich nur eine geringe Aufmerksamkeit gewidmet. Jedoch gerade solange der Artikulationsapparat der Schüler noch einigermaßen flexibel ist, empfehlen sich gezielte Übungen zur Verbesserung der Aussprache.

Befürchtungen einer Verzögerung der Begriffsbildungsfähigkeit durch die Vermittlung von Sachwissen in der italienischen Sprache, die anfangs von einem Teil der Schüler noch nicht beherrscht wurde, scheinen angesichts der Untersuchungsergebnisse an der SESB – jedenfalls bis zum Ende des 2. Schuljahrs – nicht angebracht. Bei dem Konzepte-Fragenkatalog, der sich auf Themen des Sachunterrichts bezog, konnten vor allem jüngere Kinder italienischer Herkunft weniger Fragen beantworten, weshalb eher die der Altersstufe entsprechende kognitive Entwicklung als das Sprachverständnis dafür ausschlaggebend zu sein scheint, ob Kinder von einem Sachunterricht auch unterhalb eines „minimalen sprachlichen Kompetenzniveaus" profitieren können. Das Konzept der SESB, durch die funktionelle Vermittlung der nichtdeutschen Sprache auch im Sachunterricht – im Verbund mit der Vernetzung des zentralen Themas mit anderen Unterrichtsfächern – Basiskenntnisse der Partnersprache zu vermitteln, hat sich daher als günstig erwiesen, weil der Sachunterricht in den ersten Schuljahren außerschulische Erfahrungen und in der Familie erworbene Alltagsbegriffe aufgreift.

Während sich in Bezug auf die deutsche Sprache bei den ehemaligen Anfängern die Sprachfähigkeiten allgemein relativ schnell gesteigert haben, tritt bei der Entwicklung der italienischen Sprachfähigkeiten bei den ehemaligen Sprachanfängern eine starke Varianz auf. Bei gleichen Ausgangsvoraussetzungen erstreckt sich das Spektrum der italienischen Sprachkompetenz gegen Ende des 2. Schuljahres vom Anfängerstadium (drei Schüler bzw. 8%) bis hin zum fortgeschrittenen *Threshold*-Niveau. Die meisten Schüler haben in der Zweitsprache die elementaren Stadien *Breakthrough* und *Waystage* erreicht. Angesichts dieser Bandbreite, die von den unterrichtenden Lehrern einen enormen Aufwand an Planung differenzierender Angebote verlangt, ist noch nicht abzusehen, in welchem Zeitraum sich die Schüler der angestrebten Zweisprachigkeit nähern oder ob überhaupt alle Schüler dieses Ziel während ihrer Schulzeit erreichen. Besonders bei den Schülern, deren Entwicklung in der deutschen Sprache unauffällig verlief, bei denen in den zwei bis drei Jahren ihrer an der SESB verbrachten Schulzeit aber bislang kein Interesse für den italienischen Spracherwerb zu wecken war, erscheint das eher fraglich. Aber auch bei den anderen Schülern kann erst eine langfristige Beobachtung zeigen, ob sich die an der SESB getroffenen konzeptuellen Entscheidungen als geeignet erweisen, bei allen Schülern in beiden Sprachen ein hohes Kompetenzniveau zu erzielen.

Ein Aspekt mit Klärungsbedarf stellt zum Beispiel die zur Alphabetisierung bestgeeignete Sprachwahl dar. Das Konzept der SESB baut zur Zeit auf eine zunächst ausschließlich in der starken Sprache erfolgende Alphabetisierung und sieht erst anschließend die Begegnung mit der Schrift der Partnersprache vor. Daraus ergeben sich eine Reihe von Problemen. Zum Beispiel wirkt sich der Verzicht auf die Verschriftung in den ersten beiden Jahren beim in der nichtdeutschen Sprache erfolgenden Sachunterricht erschwerend aus. Bedingt durch die Alphabetisierung in der starken Sprache erfolgt ein beträchtlicher Teil des Unterrichts in getrennten Sprachgruppen, wodurch weniger Zeit für das sprachliche Lernen voneinander zur Verfügung steht als bei anderen bilingualen Projekten.

Außerdem haben die Schüler, deren Eltern ihr Kind trotz zum Schulanfang nicht annähernd altersgemäß entwickelter Sprachfähigkeiten für die nichtdeutsche Sprachgruppe angemeldet haben, durch die ungeeignete Zuordnung oft erhebliche Lernprobleme. Auch bei dieser Untersuchung am deutsch/italienischen Standort der SESB zeigte sich, dass Kinder mit extremen Schwächen in Italienisch den an der SESB auch in der nichtdeutschen Sprache geltenden nahezu muttersprachlichen Anforderungen des Schriftspracherwerbs nicht gewachsen sind. Eine solche Überforderung würde – ausreichende Deutschkenntnisse vorausgesetzt – bei der Teilnahme am Unterricht der deutschen Sprachgruppe gewiss nicht auftreten und wäre vermutlich bei behutsam durchgeführter koordinierter Alphabetisierung eher vermeidbar.

Andererseits unterstützen die Erfahrungen an der SESB aber auch eine in der Spracherwerbsforschung verbreitete Hypothese, nach der eine erfolgreiche Alphabetisierung nicht zwingend an den Schriftspracherwerb in einer dominanten Sprache gebunden ist. Bei allen schon zum Schulanfang annähernd bilingualen Schülern verlief die Alphabetisierung in der italienischen Sprache durchaus erfolgreich, selbst wenn Italienisch zum Schulanfang nicht ihre dominante Sprache darstellte. Der Schriftspracherwerb in der weniger starken, aber höchstens geringe Schwächen aufweisenden Sprache mindestens auf dem *Threshold*-Niveau hat bei diesen Schülern unabhängig von der Klassenzusammensetzung den Ausbau ihrer Bilingualität unterstützt. Gegen Ende des 2. Schuljahres zeigten diese Schüler, deren Sprachkompetenz in der Umgebungssprache, also im Deutschen, zum Schulanfang jedoch auch schon mindestens altersgemäß entwickelt war, altersgemäße Sprachfähigkeiten sowohl im Deutschen wie im Italienischen.

Da in einer der beiden Parallelklassen auch 3 Schüler der deutschen Sprachgruppe ihre zum Schulanfang noch schwache italienische Kompetenz durch die Förderung des Italienischen im Partnersprachunterricht auf ein altersgemäßes Niveau steigern konnten, liegt bei 18 (50%) der 36 beobachteten Schüler der SESB bereits im 2. Schuljahr eine annähernd ausgewogene bilinguale Kompetenz vor. Zum Schulanfang waren dagegen erst 19% aller Schüler (von 48) als annähernd bilingual eingestuft worden. Bei den im 2. Schuljahr als bilingual anzusehenden Kindern handelt es sich jedoch in der Regel um Kinder, die schon zum Schulanfang in beiden Sprachen über Vorkenntnisse verfügten, weshalb ihre Fortschritte noch nicht ausreichend belegen, ob das angestrebte Ziel der Zweisprachigkeit an der SESB allgemein – also auch bei monolingual aufgewachsenen Kindern – zu erreichen ist.

Zweisprachige Fähigkeiten der SESB-Schüler gegen Ende des 2. Schuljahres

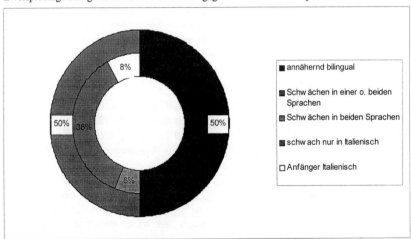

Bei einem bilingualen Schulprojekt interessiert nun aber über den Erhalt der Bilingualität hinaus vor allem ihr möglicher Erwerb. Sollte sich zeigen, dass an der SESB bei den Schülern deutscher Herkunft ohne Vorkenntnisse in der Partnersprache bis auf wenige Einzelfälle ohne nennenswerte Erfolge beim Zweitspracherwerb nur eine altersgemäße Erstsprachkompetenz erhalten wird, würde sich das Konzept der Alphabetisierung in der starken Sprache gegenüber anderen Programmen nicht als überlegen herausstellen. Die Chance des gegenseitigen voneinander Lernens in gemischtsprachigen Gruppen wäre dann umsonst zu oft ungenutzt geblieben. Beim kanadischen *total early immersion*-Programm werden die in den ersten Jahren zu beobachtenden Verzögerungen in der Erstsprachkompetenz bei einem nachweislich effektiven Zweitspracherwerb nach dem Einsetzen des Unterrichts in der Erstsprache, in der Regel bis zum 4. Schuljahr, wieder ausgeglichen. Bei den deutsch/italienischen Grundschulen in Wolfsburg, Freiburg, Hagen und Stuttgart, die ohne nach Sprachgruppen organisierten Teilungsunterricht auskommen, verläuft die koordinierte Alphabetisierung in beiden Sprachen nach mehrjährigen Erfahrungen recht erfolgreich. Aber auch bei diesen Projekten liegen noch keine Forschungsergebnisse über das im Italienischen bis zum Schulabschluss zu erreichende Niveau vor. So wird sich in Deutschland erst in einigen Jahren zeigen, welche bilingualen Konzepte langfristig in beiden Sprachen ein hohes Kompetenzniveau ermöglichen.

An der SESB reicht das Hörverständnis in der italienischen Partnersprache am Ende des 2. Schuljahres im Allgemeinen schon recht gut aus, um langsam und mit einfachen Satzstrukturen vorgetragene Aussagen und Fragen zu vertrauten Sachverhalten zu verstehen, die mündlichen Ausdrucksfähigkeiten sind jedoch äußerst heterogen. Die Fortschritte in der Zweitsprache sind offensichtlich – wie auch in Wien bei einer Untersuchung zum Modell *Vienna Bilingual Schooling* festgestellt wurde – von sehr unterschiedlich ausgeprägter Motivation und individuellen Lerndispositionen abhängig. Bei einer Clusteranalyse konnten vermutete Zusammenhänge zwischen dem Lernerfolg und außerschulischen Erfahrungen (Herkunft der Eltern, Familiensprache, Italienerfahrungen, sprachliches Erziehungskonzept, Sprachkontakt in der Freizeit) nicht bestätigt werden. Auch der Besuch der SESB-Vorklasse bietet anscheinend weder Garantie noch Voraussetzung für einen schnellen Lernzuwachs in der Partnersprache. Entscheidender wirken sich dagegen Persönlichkeitsfaktoren wie eine altersgemäße kognitive Reife, Sprachbegabung, Kontaktfreude und Extrovertiertheit günstig auf den Spracherwerbsprozess aus, und zwar sowohl in der Erstsprache / starken Sprache als auch in der Zweitsprache / schwachen Sprache. Die individuellen Faktoren können von Seiten der Schule nur begrenzt beeinflusst werden. Sie sollten aber im Interesse der angestrebten Mobilität in Europa, die Mehrsprachigkeit nicht nur auf intellektueller Ebene erfordert, bei der Bereitstellung der Sekundarstufenangebote berücksichtigt werden.

Allgemein scheint am deutsch/italienischen Standort der Staatlichen Europa-Schule Berlin eine gute Förderung der Sprachkenntnisse durch das Engagement der Lehrkräfte gegeben. In der Untersuchung waren bei unterschiedlichen Lernvoraussetzungen überwiegend positive Lernfortschritte, vor allem hinsichtlich der Partnersprache

Deutsch und in der Sprache, auf die wegen des Alphabetisierungsprogramms ein hoher Unterrichtsanteil entfiel, zu beobachten. Über die Effektivität des Spracherwerbs an der SESB in einer Zweitsprache, die nicht zugleich Umgebungssprache ist, kann angesichts der aufgetretenen starken Varianz jedoch erst eine Fortsetzung der Langzeitstudie Aufschluss geben. Die vorliegenden Ergebnisse beschränken sich auf Beobachtungen bis zum Ende des 2. Schuljahres. Erst wenn zum Abschluss des 8. Schuljahres in beiden Sprachen allgemein ein hohes Kompetenzniveau nachgewiesen werden könnte, wäre die Leistungsfähigkeit des SESB-Konzepts erwiesen.

## Anmerkungen

[1] Die Berliner Grundschule umfasst auch die Klassen 5 und 6, die in anderen Bundesländern schon zur Sek I gehören.

[2] Der aus den beiden Sprachresultaten gebildete Mittelwert soll nicht etwa einen Bilingualitätsindikator repräsentieren, bei dem noch weitere Faktoren, z.b. die Fähigkeit des angemessenen Code-switching, berücksichtigt werden müssten. Anhand der Mittelwerte lässt sich jedoch der allgemeine Trend der Sprachentwicklung beim gleichzeitigen Lernen von zwei Sprachen veranschaulichen.

[3] Zur seit Hansegårds Aufsatz über die *halfsprakigkeit* in der Linguistik üblichen Bezeichnung des Phänomens gibt es zur Zeit leider noch keine neutrale Alternative.

[4] Die Zuordnung zu Niveaustufen erfolgt in Anlehnung an die vom Europarat herausgegebenen Empfehlungen zur Vereinheitlichung des Sprachgebrauchs, vgl. Council of Europe / Conseil de l'Europe (Europarat), Modern Languages: *Learning, Teaching, Assessment. A Common European Framework of reference.* Strasbourg 1998.

## Literaturhinweise

Doyé, Peter (1998): Eine Untersuchung zum Hörverstehen der Schülerinnen und Schüler der Staatlichen Europa-Schule Berlin. In: Göhlich, Michael (Hrsg.): 53-65.

Drucksachen Nr. 12/1617 und Nr.12/2244, erweitert durch Drucksache 12/2731 des Abgeordnetenhauses von Berlin, April 1993.

Elterninformationsblatt der Senatsverwaltung für Schule, Berufsbildung und Sport, *Staatliche Europa-Schule Berlin,* 1992.

Göhlich, Michael (Hrsg.) (1998): *Europaschule – Das Berliner Modell.* Neuwied u. Kriftel: Luchterhand.

Höttler, Rainer (1998): Entwicklung und Zukunft der Staatlichen Europaschule Berlin. In: Göhlich, Michael (Hrsg.): 3-6.

Sukopp, Ingeborg (1996): *Pädagogische und grundschuldidaktische Grundlagen der SESB (1-4).* Berlin: BIL.

# Aber bitte mit Medien ...
## oder: Medien sind willkommen

*Gabriele Vogel*

Dieser Beitrag ist ein Plädoyer für den Medieneinsatz im Fremdsprachenunterricht und konzentriert sich in der Beschreibung praktischer Beispiele auf den Frühbeginns- und Anfangsunterricht. Ein Plädoyer für Medien aller Art, vom Bild/der Applikation, dem Text oder Buch, hin zu den auditiven und audiovisuellen und den digitalen Medien, auf die nicht speziell eingegangen wird.

Ich selbst arbeite seit zehn Jahren an der ehemaligen Landesbildstelle, habe dort die Gelegenheit, eine/die Fremdsprachenmediothek, die die Berliner LehrerInnen, Referendare/-innen, Studenten/-innen mit Medien aller Art für den Unterricht aller Schulstufen und -arten für die Fächer Englisch, Französisch, Spanisch und Russisch versorgt, aufzubauen und zu leiten. Frühbeginnsmaterialien und die begleitende Lehrerfortbildung waren in den letzten zwei bis drei Jahren ein Schwerpunkt.

Medienkompetenz wird von uns allen heute als Basisqualifikation verlangt. Mit dem Beitrag möchte ich anregen, Kenntnisse und Fähigkeiten im Umgang mit Medien zu überprüfen, und durch die praktischen Beispiele möchte ich zum Einsatz direkt motivieren.

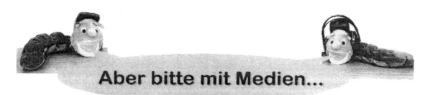

### Kinder und Medien

„Medien rhythmisieren den Alltag von Jugendlichen": eine Feststellung auf einer Beratung der Arbeitsgemeinschaft Oberste Landesjugendbehörde.

Dazu passt eine Ausstrahlung des WDR Schulfernsehens, einer Reihe, die sich mit dem heutigen Stand der Medienpädagogik und Entwicklungspsychologie befasst und innovative medienpädagogische Projekte vorstellt. Im August 2000 aktuell gesendet: **Krabbeln, Laufen, Internet** - sechs Sendungen für die Lehrerfortbildung. Wegen des leichten Zuganges (Fernsehmitschnitt bzw. Nachfrage in der Fremdsprachenmediothek) möchte ich darauf aufmerksam machen. Hier wird Medieneinsatz vom entwicklungspsychologischen Ansatz her begründet. In der Entwicklung der Kinder gibt es zwei ständige Begleiter, die bestimmend und prägend sind: Eltern und Medien. Man spricht von den Medien als „heimliche Miterzieher", die gesellschaftliche Rollenvorstellungen, Weltbilder und Wirklichkeiten vermitteln. Fragen wie „Wie kann man Kinder zum sinnvollen Umgang mit Medien erziehen? Wie kann man frühzeitig die Herausbildung von Medienkompetenz fördern? Welche Medien fördern die frühkindliche Entwicklung?" werden hier thematisiert. Im Serviceteil wird u.a. *der Medienpädagogische Forschungsverbund Südwest* in Baden-Baden vorgestellt.

**Fremdsprachenunterricht und Medien sind eine untrennbare Einheit.**

Abgesehen von *face-to-face-communication* wird Sprache über Medien transportiert.

Dieser Beitrag spricht für einen Fremdsprachenunterricht/Anfangsunterricht auf konsequent audiovisueller Grundlage.

Welche Faktoren sprechen für auditive und audiovisuelle Medien?

- Bei Hörkassetten sind die Geräusche, die unterschiedlichen Sprecher, die Dramatisierung, die Begleitmusik neben dem Inhalt besonders für die Kinder, oft im Unterschied zu den Lehrern oder Eltern, sehr wichtig.

- Bei Videosequenzen sind die künstlerische Gestaltung, Inszenierung, Kameraeinstellungen, Schauspielerbesetzung, Bildmontage, Farbe, Musik, Geräusche und die story von eminenter Bedeutung. Zum Einsatz sollten vorrangig Medien gelangen, die den aktuellen Hör- und Sehgewohnheiten der Schüler entsprechen und die Schüler sich dadurch in ihren Interessen und Bedürfnissen durch den Lehrer ernst genommen fühlen.

- Die motivatorischen Wirkungen von Bild und Ton gehen eine effektive Verbindung ein.

- Authentizität stellt einen starken neugier- und interesseauslösenden Faktor dar.

- *Native speakers* ermöglichen variable Sprach- und Sprechersituationen.

**Medieneinsatz wirkt sehr motivierend, aber nur bei funktionsgerechter Verwendung.**

Dazu empfehle ich den Artikel „Videos im Englischunterricht" (Enter 1998: 16). Audiovisuelle Medien können ihre Wirkung nur als immanenter Bestandteil von Fremdsprachenunterricht voll entfalten, ihr praktischer Einsatz sollte frei von großem organisatorischem Aufwand erfolgen können, die alltägliche, natürliche Unterrichtssituation soll gewahrt bleiben. Aus der Spezifik der Rezeption von Hör- oder Hör-/Sehsequenzen ergibt sich in den meisten Fällen gebotene Kürze, aus Aufwand-Nutzen-Überlegungen sind solche Fälle im Schulalltag meist zum Wegfall verurteilt. Somit konnten sich gewonnene fachwissenschaftliche Erkenntnisse über die Jahre nicht an allen Schulen und nur bei den Enthusiasten unter den Lehrern praktisch durchsetzen.

Audiovisuelle Medien können und dürfen die eigene Kreativität und Phantasie der Schüler nicht ersetzen, sie sollen sie fördern. Deshalb ist es erforderlich zu überlegen, ob Medieneinsatz vor oder nach der Schüleraktivität am effektivsten ist. Medien können motivations- und kommunikationsfördernd wirken, sollten Lernerfolge bestätigen, Emotionen auslösen und Freude machen.

Die Berücksichtigung der folgenden Unterrichtsprinzipien halte ich beim früheinsetzenden Fremdsprachenunterricht für besonders beachtenswert:

- Ich-Stärkung durch Stille, Bewegung und Phantasiereisen (aus: *Grundschule 2000*)
- Die stumme Phase (*silent period*). Die Fremdsprachenerwerbsforschung beweist, wie wichtig es ist, den Schülern am Beginn des Sprachunterrichts ausreichend Zeit für die Sprachrezeption zu gewähren. Während dieser Zeit konzentrieren sie sich auf das Hören und signalisieren das Verstehen durch Gestik, Mimik und Ganzkörperbewegung.
- Verbindung von Sprache und Aktivität (*total physical response oder physical response*). Wenn Sprache und das Verstehen von Sprache mit körperlicher Bewegung verbunden werden, erhöhen sich Lernerfolg, Gedächtnisleistung und Motivation. (Siehe dazu ausführlicher: Kieweg 1996)
- Die Kommunikation muss sich auf das unmittelbare Umfeld der Kinder beziehen, Sprache soll stets zu etwas ganz Persönlichem für die Lerner werden (*personal – pride – public purpose*), im Unterricht sollen so oft wie möglich konkrete Produkte zum Lernstoff entstehen (Bilder, Zeichnungen, öffentliche Aufführungen), die in der Schule und vor den Eltern demonstriert werden. Stolz auf Gelerntes und praktisches Begreifen des Nutzens von Sprachkenntnissen erhöhen die Lernmotivation (*pupils' ownership of language*). Wolfgang Froese spricht in diesem Zusammenhang von den Lernerlebnissen im Englischunterricht und einem assoziativen Anker im Gehirn der Schüler. (Froese 1999)
- Lernen mit allen Sinnen. Interessante Beispiele dazu sind der genannten Schulfernsehsendung und ebenso dem Artikel von Froese zu entnehmen, Beispiele wie *touching, smelling, tasting*, Geräuschstoßen, Geräusche zuordnen oder Buchstaben fühlen werden gezeigt oder beschrieben.

Zu den genannten Unterrichtsprinzipien lässt sich eine große Zahl von Beispielen aus den Lehr- und Lernmaterialien zuordnen. Die hier genannten Titel stellen eine in zahlreichen Fortbildungsveranstaltungen erprobte, begrenzte Auswahl dar.

**Tonkassette u. Begleitmaterial**

| | |
|---|---|
| *Rock chants* | Hueber |
| *Keystones* | Diesterweg |
| *Sing a rainbow* | Klett |
| *Super songs* | Oxford/Cornelsen |
| *Music Box* | Langenscheidt/Longman |

**Videokassette u. Begleitmaterial**

| | |
|---|---|
| *Play it again* | Langenscheidt/Longman |

| | |
|---|---|
| *Rosie's walk* | weston woods |
| *Frog and toad* | FWU |
| *Wizadora* | Schulfernsehen WDR/Cornelsen |
| *Krabbeln, Laufen, Internet* | Schulfernsehen SWF/Medienerziehung für die Lehrerfortbildung |

**Andere Materialien**

| | |
|---|---|
| *Bookworm* (Handpuppe) | Klett |
| *Goldilocks and the Three Bears and Other Stories* CDRom | Hueber |
| *Little Red Riding Hood and Other Stories* CDRom | Hueber |

**Beispiele für Bewegung und Phantasiereisen und die Kombination von beidem**

„Play it again" zeigt Schülergruppen, die *playground games* spielen, nachdem sie durch Abzählverse den Spielmacher festgelegt haben, zeigt Musik und Bewegung z.B. zu „Incy, wincy, spider", „Here we go round the mulberry bush", „Ten green bottles", „If you're happy" und viele andere.

„Rock chants" bietet eine Palette von Möglichkeiten, um Sprechgesänge mit Bewegung zu verbinden. Dabei überzeugt die bereitgestellte Themenvielfalt.

Anregungen zu Phantasiereisen findet man in „Play it again" Teil 5, wo Schüler mit einfachen Requisiten einen Gruselreim inszenieren.

„Wizadora" ist mit seinen 8 Teilen eine Reise in das Reich der Zauberei; die Zaubersprüche machen Spaß und es ist vorstellbar, sie mit entsprechenden Veränderungen von Zeit zu Zeit in die Unterrichtssprache zu integrieren.

**Zaubersprüche**

Touch my nose. Touch my ear. Apple, apple disappear!
Touch my nose. Touch my head. Banana, banana, please, turn red!
Touch my head. Touch my toe. Little cake, please, please, grow!
Touch my nose. Touch my toe. One, two, three and away we go!
Touch my elbow. Touch my hair. Mop, Mop, fly in the air!
Touch the table, clap. Touch my shoulder, hop. Rain, rain, go away. Rain, rain, stop!

Mit Liedern aus der „Music Box" wird über „A spider in the bathroom" erzählt oder gefragt „Who's afraid of big black spiders?"

Die Begleit-CD zu „Keystones" erfreut mit einem song „Frog in love" und dem „Frog rap". Bastelt man zusammen mit den Schülern aus froschgrüner Pappe große Froschhände, die auf den Rückseiten mit Papierstreifen zum Hineinschlüpfen versehen sind, kann man die Faszination erleben, wie ein Frosch zu hüpfen und Insekten zu fangen.

Aus dem Bücherwurm wird durch das Hinzufügen lediglich eines Attributes - der Kopfhörer - ein Medienwurm. Diese Verwandlung, eine Potenz der Medienarbeit, kann man sich für didaktische Zwecke nutzbar machen und die Kinder auf das Geschehen im Unterricht ohne viele Worte einstimmen.

Ich möchte hier die Geschichte von „**Jack the sailor**" vorstellen, die durch ihren unerwarteten Ausgang beeindruckt. Dazu ist aus einem A4 Blatt mit den Kindern ein Boot zu falten. Der Lehrer macht jeden Faltschritt vor und spricht dazu, z.B. „Make a rectangle ..." Wenn das Boot fertig ist, beginnt der Lehrer mit der Erzählung der Geschichte und begleitet sie mit Geräuschen zur beschriebenen Wettersituation, z.B. Fingertrommeln für Regen, Pusten für Wind, Füßetrampeln für Donner; der Phantasie sind keine Grenzen gesetzt. Wenn das Boot laut Text seine Teile verliert, werden diese direkt abgerissen. Durch Auseinanderfalten des „Restes" entsteht etwas, das man leicht als T-shirt erkennen kann. Wenn man dieses vermeintliche T-shirt auseinanderklappt und längs faltet, hat das Hemd tatsächlich lange Ärmel, Vorder- und Rückenteil fallen einfach kürzer aus.

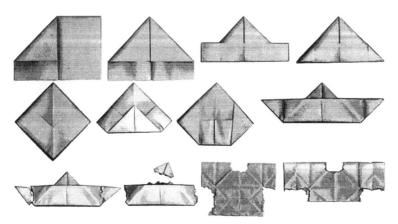

Diese Wirkung - aus Boot wird Hemd - hat bisher jedem Spaß gemacht. Die Geschichte kann in Abständen wiederholt werden, um die Geräuschkulisse zu „verfeinern"; man kann Jack's T-shirts gestalten, in der Klasse aushängen, andere Geschichten dazu erfinden und vieles mehr.

Hier die story:

Once upon a time there was a sailor.
He built himself a boat and a fine boat it was too.
And he took it out on the sea.
It was a wonderful day, the weather was fine, the sun was shining, the sea was flat and calm, the birds were singing. Out at sea a little breeze came up and he sailed away.
But the weather changed. It wasn't long before the first raindrops came pitter-pattering down.
He put on his rain jacket. The wind began to blow, big, dark clouds appeared, the rain was even heavier. The waves were getting bigger and bigger, the wind became stronger and stronger, the boat rolled from side to side.
The sky lit up with lightening followed by a clap of thunder as if drums were playing together.
It was raining cats and dogs and the wind howled.
The bow of the boat cracked and water seeped inside, the little boat rolled and rolled from one side to the other, the stern broke off, a huge wave hit the boat and it lost the mast.
Jack was thrown over-board and the little boat sank.
It was only days later that this ? was found. What is it?... Jack's T-shirt!
Could you guess what season of the year Jack was sailing?
Why summer?
If it hadn't been in the summer the T-shirt would have had long sleeves.

A Poem
Two little boats are on the sea
All is calm as calm can be
Gently the wind begins to blow
Two little boats rock to and fro
Loudly the wind begins to shout
Two little boats are tossed about
Gone is the wind, the storm, the rain
Two little boats sail on again

**„Rosie's walk"**- fünfminütiger Trickfilm, der aufgrund seiner musikalischen und zeichnerischen Gestaltung sehr anregend und motivierend ist. Die Bildhandlung ist im Bewegungsablauf mit Slapstick-Elementen stark rhythmisiert. Sie ist geprägt von der Polarität zwischen stampfender Henne und listig schleichendem Fuchs, dem laufend Missgeschicke zustoßen. Die Schüler durchschauen schnell das Handlungsmuster, aber die naive Henne ahnt die Gefahr nicht, in der sie schwebt. Der Film enthält, ohne überladen zu sein, sehr viele Details und man kann bei wiederholtem Schauen immer Neues entdecken. Zu dem Video gehört das passende Kinderbuch, das im Klassensatz zur Verfügung gestellt werden kann. Damit sind dem Lehrer zu einem Thema zwei unterschiedliche Gattungen von Medien in die Hand gegeben, mit denen er seine Arbeit variabel gestalten kann. Der gesprochene und gedruckte Text besteht aus einem „langen" Satz mit 6 Präpositionen.

Unterrichtstipps:

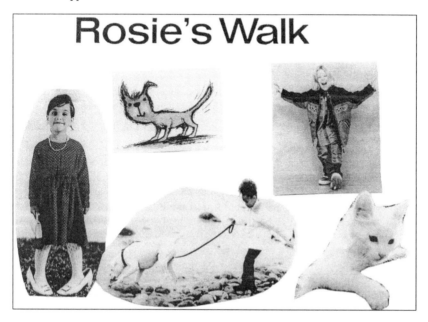

Schreiben Sie den Titel „Rosie's walk" auf ein Stück Papier oder fertigen Sie eine Titelkopie vom Buch oder Filmcover an. Nutzen Sie die elektromagnetische Haftkraft des Fernsehmonitors und machen Sie den Titel dort sichtbar. Die Kinder stellen Vermutungen an, was der Inhalt einer Geschichte mit diesem Titel sein könnte. Wer ist Rosie? Was könnte es mit dem Spaziergang auf sich haben? Man kann entsprechende Applikationen bereithalten und diese am Bildschirm unter dem Titel anbringen. Durch Zeigen des Kinderbuches erfährt man, dass Rosie ein Huhn ist. Jedes Kind erhält ein Buch und genügend Zeit, um sich mit dem Spaziergang Rosies über den Bauernhof vertraut zu machen. Danach liest/erzählt der Lehrer die Geschichte und veranschaulicht besonders die Bedeutung der Präpositionen mit Handbewegungen. Die Geschichte wird mehrfach dargeboten, indem die Kinder immer mehr mit einbezogen werden. Auch sie machen die bestimmten Handbewegungen. Ein veränderbares Tafelbild aus Applikationen sollte entstehen, was das auswendige Einprägen unterstützen kann. Alle Kinder beteiligen sich am Bau eines Lawinensatzes.

Der Text, gesprochen im *chant*-Rhythmus, kann zu weiterer Abwechslung beitragen:

**Rosie**      **the hen**
**Went**      **for a walk**
Across      the yard
Around      the pond
Over      the haycock
Past      the mill
Through      the fence
Under      the beehives
**and got back in time for dinner.**

Nachdem die Kinder mit dem Text vertraut sind, kann man den Film zeigen und im Anschluss Phantasiereisen mit anderen Helden an anderen Orten erfinden.

„**Frog and Toad are friends**" daraus die Sequenz „**The lost button**"

Frog und Toad, zwei Freunde, treffen sich nach ihrem Winterschlaf wieder, und damit beginnen für sie gemeinsame Erlebnisse in ihrer Froschwelt. Während eines Spazierganges merkt Toad, dass er einen Knopf verloren hat. Er und Frog beginnen zu suchen, und andere Tiere des Waldes helfen ihnen. Keiner findet jedoch den richtigen Knopf. Sie sind „small, squared, thin, black" etc. anstatt „big, round, thick, white". Als Toad schließlich entnervt nach Hause kommt, liegt der gesuchte Knopf auf dem Fußboden.

Unterrichtstipps:

Der Lehrer hält alle Knöpfe, die im Wald gefunden werden, bereit. Sie müssen in ihren Eigenschaften eindeutig zum Film passen. Jedes Mal, wenn ein Knopf gefunden wurde, stoppt der Lehrer den Film per Standbild und lässt einen Schüler den entsprechenden Knopf auswählen und die prägende Eigenschaft wiederholen, z.B. „My button has two holes". Zum Schluss bleibt der verlorene Knopf übrig und kann gemeinsam von allen Schülern mit seinen Eigenschaften beschrieben werden, da diese bis dahin mehrfach gehört wurden. Die entsprechenden Eigenschaften der anderen Knöpfe werden ebenso vervollständigt. Es sollte parallel dazu ein Tafelbild entstehen, wo die Eigenschaften FARBE, FORM usw. gegenständlich oder als Wort sichtbar gemacht werden.

Wer möchte, kann die Schüler zum Betrachten ihrer eigenen aktuellen „Knopfsituation" anregen und man könnte dann zusammenstellen, wieviel runde Knöpfe heute zum Beispiel im Klassenraum sind. Sicher ist man gut beraten, auch andere Verschlussmöglichkeiten bei dieser Gelegenheit gleich mitzulernen.

Bei der so vorgeschlagenen Videotechnik plant man das Erfolgserlebnis für alle Schüler gleich mit, entlastet die Gedächtnisleistung durch Veranschaulichung, organisiert Sprechen und Hören ohne Stresssituation. Danach könnte oder sollte der Film ohne Unterbrechung gezeigt werden.

**Stille**

Unter diesem Gesichtspunkt wird die lernpsychologische Wirkung von Musik im Fremdsprachenunterricht betrachtet. In Anlehnung an Lozanovs Forschungsergebnisse wird vorgeschlagen, ausgewählte Musikstücke hören zu lassen, um die Schüler zu beruhigen, positive Emotionen zu wecken, sich zu entspannen, für Neues aufnahmebereit zu machen, Phantasie zu beflügeln. Mit solcher Musik kann unaufdringlich von der Pause zum Unterricht übergeleitet werden, eine Stillarbeit erfährt musikalische Untermalung oder eine Stunde kann so ihr Ende finden.

In „Play it again" wird der song „Sing a rainbow" in der beschriebenen Art und Weise von Schülern interpretiert.

In „Super songs" eignen sich die Titel „Pat a cake" und „Clap your hands" und in „Sing a rainbow" der zweite Teil von „Rocking sheep" zur Entspannung.

**Literaturhinweise**

Bliesener, Ulrich / Edelenbos, Peter (1998): *Früher Fremdsprachenunterricht - Begründung und Praxis*. Stuttgart: Klett.
Butler, Sinead (1999): Video in the classroom. *MitSprache* 2: 12.
Enter, Hans (1998): Videos im Englischunterricht. *fsu* 42/51: 166-168.
Froese, Wolfgang (1999): Lernerlebnisse im Englischunterricht. *fsu* 43/52: 87-92.
Reisener, Helmut (1995): Motivation im heutigen Lernkontext: Ein Dutzend Punkte. *fsu* 39/48: 9-14.
Kieweg, Werner (Hrsg.) (1992): *Sing, do and play*. München: Langenscheidt-Longman.
Tomalin, Barry (1990): *Video in the English class - Techniques for succesfull teaching*. London: BBC English.

**Internetadressen**

Fremdsprachenmediothek im Lisum, Levetzowstr. 1-2, 10555 Berlin-Tiergarten, http//www.labi.be.schule.de, vogel@labi.be.schule.de
Medienpädagogischer Forschungsverbund Südwest, Baden-Baden, http//www.mpfs.de
WDR, Schulfernsehen, 44405 Dortmund, http//www.wdr.de

Mein Dank gilt Herrn Peter Mattenklott vom LISUM für die computertechnische Betreuung.

# Die Auswirkungen des frühbeginnenden Englischunterrichts auf die Arbeit in den Klassen 5/6

*Karin Schmidt*

Frühbeginn Englisch wird geleitet von der Zielvorstellung, Kompetenzen und Fertigkeiten anzubahnen, die den Schüler/innen den Einstieg in den Fremdsprachenunterricht erleichtern und damit letztendlich zur Steigerung des fremdsprachlichen Könnens führen.

**Den frühbeginnenden Englischunterricht gibt es in Berlin z.Zt. noch nicht.** Wir befinden uns in einer erweiterten Erprobungsphase, in der unterschiedliche Modelle diskutiert und praktisch umgesetzt werden. Dabei reicht die Spanne von einem regelmäßigen, ergebnisorientierten Englischunterricht bis zum Begegnungssprachenkonzept, innerhalb dessen den Schüler/innen einige Eindrücke vom Englischen vermittelt werden.

Da an vielen Berliner Grundschulen Frühbeginn Englisch bereits seit **mehr** als zwei Jahren in Unterrichtsversuchen, Arbeitsgemeinschaften, Projekten usw. angeboten wird, erscheint die Frage aktuell und dringend:

**Was haben die Schüler/innen in Klasse 3/4 gelernt?**

Die konkrete Beantwortung dieser Frage erfüllt uns zumeist mit Unbehagen, der Ansatz erscheint uns zu quantitativ. Er birgt die Gefahr, dass sich aus einer Aufzählung von Themen, Redemitteln und sprachlichen Kenntnissen ganz schnell ein Lehrgang entwickelt, mit streng festgelegter Struktur und erheblicher Stofffülle.

Dennoch kommen die Lehrer/innen in der Praxis nicht umhin, im Erfahrungsaustausch, in gegenseitigen Absprachen einen Orientierungsrahmen zu definieren.

Auch wenn sich die einzelnen Konzepte in ihren Schwerpunkten und Methoden unterscheiden, hat sich bereits ein Themenkatalog entwickelt, der sich so oder so ähnlich auch in den Handreichungen des LISUM und in den verschiedenen Lehrwerken wiederfindet:

**Themenübersicht:**

| | | |
|---|---|---|
| In der Schule<br>At school | Mein Körper<br>My body | Meine Familie<br>My family |
| Freunde/Haustiere<br>Friends/pets | Mein Spielzeug<br>My toys | Bei mir zu Hause<br>At home |
| Essen und Trinken<br>Eating and drinking | Das Wetter<br>The weather | Meine Kleidung<br>Clothing |
| Hobbys/Sport<br>Hobbies/sports | Mein Tageslauf<br>What I do every day | Einkaufen<br>Shopping |

| Tiere | Unterwegs | Im Jahreslauf |
|---|---|---|
| Animals | Moving about | In the course of the year |
| | | Jahreszeiten, Kalender, Geburtstag |
| Special Days | Special Days | Special Days |
| Halloween | Christmas | Valentine, Easter |

Es handelt sich dabei nicht um eine vollständige und verbindliche Liste.

Hinter diesen Themen verbergen sich zahlreiche Sprechanlässe, durch die den Schülern Redemittel und Wortschatz vermittelt werden.

Ausschnittartig, anhand des Themas „In der Schule" zeigt dies folgende Auflistung:

| Thema | Situationen/ Sprechanlässe | Redemittel | Möglicher Wortschatz |
|---|---|---|---|
| **In der Schule** At school | • Wir lernen uns kennen | Good morning/ Good afternoon Mrs.../Mr.../Ms.../ children/ boys/ girls/ everybody. | to ask, to answer, to be, to bring, to draw, to give, to go, to have, to listen, to look, to open, to read, |
| | sich begrüßen sich verabschieden | Hello. Hi. How are you? Good bye. | to say, to shut, to sit, to stand up, to stop, to take |
| | sich vorstellen | My name is.../ I'm... What's your name? Are you...? Yes, I am./ No, I'm not. How old are you? I'm eight. | |
| | • Wir sehen uns im Klassenzimmer um | | board, chair, classroom, cupboard, desk, door, floor, picture, table, wall, window |
| | Dinge benennen Dinge erfragen | It's a... This is a... What's this? | |
| | • Wir packen unsere Schultasche aus | | book, felt-tip, folder, glue, pen, pencil, pencil-case, rubber, ruler, sharpener, schoolbag |

| | | | |
|---|---|---|---|
| | Besitz angeben und erfragen | I've got a pencil/four pencils. I have a... Have you got a...? This is my... These are my... Is this your...? Are these your...? | |
| | Um einen Gegenstand bitten | Can I have your..., please? | please, thank you |
| • | Zahlen nennen und nach Mengen fragen | Zahlenraum 1 – 100 How many...? | to count |
| • | Wir arbeiten mit Farben | | black, blue, brown, green, grey, orange, pink, purple, red, white, yellow |
| | Farben bezeichnen und erfragen | My bike is green. Is it...? What colour is...? | |

Schauen wir uns die Redemittel etwas genauer an. Hier findet man grammatische Formen und Strukturen, die die Schüler durch Anweisungen, Handlungsabläufe, in Gesprächssituationen hören, verstehen, sprechen und auch variieren:

| | |
|---|---|
| **Aussagesätze** | This is... I've got a... We can... He's a boy. / She's a girl. I'm singing. |
| **Negationen** | I don't... I can't... I haven't got... No, I'm not... No, it isn't. |
| **Fragesätze** | Who's this? Who is it? What's this? What is it? What's your name? What are you doing? What can you...? What time / colour is it? Where is the...? How are you? How many...? |

|  | What's the weather like? When's your birthday? |
|---|---|
| **Aufforderungssätze** | Bring ..., Come to ..., Go to ..., Sing ..., Touch ... |
| **Artikel** | the apple, the dog, an apple, a dog |
| **Pluralformen der Nomen** | arms, cars, children, feet |
| **Präpositionen** | behind, between, by, from, in, in front of, next to, on, under, to |
| **Personalpronomen in allen Personen** Subjektform Objektform | I, you, he... me, you, him |
| **Possessivpronomen** | My, your, his... |

Dazu kommt noch die *classroom language*, die die Schüler hören und verstehen, auf die sie reagieren und die sie in Teilen allmählich ihrem aktiven Sprachschatz hinzufügen:

- May I start?
- It's my/your/Peter's turn.
- Here you are.
- May I have the glue, please?
- Can I help you?
- Look at my...
- Come to me.
- Go to...
- Stand up/Sit down, please.
- Make a circle.

Dies ist nur eine kleine Auswahl zur Verdeutlichung. Die Palette wird von Stunde zu Stunde umfangreicher und hängt weitgehend auch von dem sprachlichen Vermögen des Lehrers ab.

Diese Aufstellungen sollen vor Augen führen, in welcher Fülle von Sprache die Schüler/innen sich bewegen.

Um die Frage zu beantworten, ob bei den Schüler/innen Grundlagen entstehen, die das weitere Fremdsprachenlernen beeinflussen, reicht diese Betrachtungsweise allerdings nicht aus.

Die Frage nach dem „Was" muss ergänzt werden durch die Frage:

## Wie haben die Schüler/innen in Klasse 3/4 gelernt?

Diese Fragestellung führt zu den Prinzipien des frühbeginnenden Fremdsprachenunterrichts:

- Lebensnähe/Altersangemessenheit
- Lernen mit allen Sinnen
- Priorität des Mündlichen
- Handlungsorientierung
- Anschaulichkeit
- Variationsvielfalt
- Kleinschrittigkeit
- Rituale
- Interkulturelle Erfahrung
- Ergebnisorientierung ohne Leistungsdruck

Auf diese Prinzipien soll hier nicht erläuternd eingegangen werden. Sie sind hinlänglich bekannt und werden in zahlreichen Diskussionen und Erörterungen auf ihre Wirksamkeit überprüft.

Vielmehr sollen an einigen praktischen Beispielen aus dem Unterrichtsalltag die Auswirkungen in Klasse 5/6 dargestellt werden und folgende Thesen belegen:

- Verringerung der Kluft zwischen Sprachvermögen und altersgemäßen Interessen
- Anbahnung der *real situation*
- Abbau der Hemmschwelle beim freien Sprechen
- Motivationsschub zur selbstständigen Beschäftigung mit Sprache
- Vorbereitung der Sprachbetrachtung
- Entlastung des straffen Zeitrahmens
- Förderung der Bereitschaft zum Lernen weiterer Sprachen

### 1. Verringerung der Kluft zwischen Sprachvermögen und altersgemäßen Interessen

Wenn wir mit der Fremdsprache in der 5. Klasse beginnen, haben wir das Problem, dass die Schere zwischen den altersgemäßen Interessen und dem, was die Schüler/innen in der Fremdsprache verstehen und ausdrücken können, sehr weit auseinander klafft. Die Anfangsmotivation durch das neue Fach ist über die Dauer des Schuljahres nicht zu halten.

Durch das geringe fremdsprachliche Vermögen der Schüler/innen können die Themen inhaltlich nur sehr einfach und darum für sie langweilig aufbereitet werden. Mit dem

Vorwissen aus dem Frühbeginn muss der Lehrer z.B. mit den ca. 10-Jährigen nicht mehr die Frage behandeln, wieviele Bleistifte, Radiergummis usw. auf einer Abbildung zu sehen sind.

Die Schüler/innen können mühelos von 1 bis 100 zählen. Sie haben diese Zahlen in Liedern und Reimen in aufeinanderfolgenden Reihen geübt, bei Spielen in beliebiger Folge trainiert, d.h. die Zahlwörter und das System des Zusammensetzens von Zahlwörtern (erst der Zehner, dann der Einer) sind ihnen bekannt. In der 5. Klasse ist nun Zeit für die Übung der Schreibweise: die teen-Zahlen, die ty-Zahlen, die Rechtschreibfallen (*five/fifteen, fourteen/forty*), die Sache mit dem Bindestrich.

Sehr viel früher kann man sich den Ordnungszahlen zuwenden, die für die Kommunikation eine sehr viel wichtigere Rolle spielen.

Die Wortschatzarbeit insgesamt wird entspannt, da die Bedeutung der Wörter aus sehr vielen Themenbereichen durch den mündlichen Sprachgebrauch geklärt ist. Jetzt geht es „nur" noch um die Einprägung der Schreibweise.

Bereits zu Beginn des 5. Schuljahres sind die Schüler in der Lage, ihren Wortschatz thematisch zu überarbeiten:

| in the classroom | in the schoolbag | in the cupboard |

Begrüßung/Verabschiedung, sich vorstellen, andere nach Namen, Alter, Familienmitgliedern usw. fragen, all das ist in verschiedensten Situationen behandelt worden. So bereitet die Texterschließung vom Inhaltlichen her kaum Probleme. Anfangstexte im Lehrbuch, wie *Hi, my name is Ben*, werden von den Schülern mühelos „erlesen". Der Ansatz geht nun von dem Aha-Erlebnis: „So wird das also geschrieben." aus. Somit kann die Personengruppe, die durch jedes Lehrwerk führt, gestraffter vorgestellt werden und die Schüler in abwechslungsreichere Handlungsverläufe führen.

## 2. Anbahnung der *real situation*

In Klasse 5/6 bemühen wir uns darum, Situationen entstehen zu lassen, in denen sich die Schüler/innen in realen Situationen befinden, das englische Frühstück, die Modenschau, etc. Die Schüler sollen miteinander sprechen und nicht nur über Texte und Inhalte. Genau das haben die Schüler/innen in Klasse 3/4 getan und sie bringen schon einen guten Grundstock mit: die *classroom language*. Diese kann sofort genutzt werden, um die Kommunikation zwischen der Schüler/innen untereinander und zwischen Lehrer/innen und Schüler/innen aufrechtzuerhalten und davon ausgehend auszubauen.

## 3. Abbau der Hemmschwelle beim freien Sprechen

Im Frühbeginn steht die gesprochene Sprache im Vordergrund. Die Kinder kommunizieren miteinander bei Partner- und Gruppenspielen, sie geben Kommandos und legen Spielverläufe fest. Sie befragen sich gegenseitig und sprechen anschließend über die Ergebnisse. Sie hören kleine Geschichten, sehen sich Videofilme an und bearbeiten durch Musik und kleine Zeichnungen die Inhalte.

Hören und Sprechen in Klasse 3/4, das bedeutet für Klasse 5/6, dass die entwicklungsbedingte Hemmschwelle - „ich trau mich nicht, das hört sich komisch an", verlegenes Kichern - wegfällt, da wir uns ja in einem vertrauten Sprachklang aufhalten. Das gewohnte Miteinander-Sprechen macht Mut, sich etwas zu trauen. So ist zu beobachten, dass die Schüler/innen wesentlich schneller Bereitschaft zeigen, sich von Ein-Wort-Antworten zu lösen.

## 4. Motivationsschub zur selbstständigen Beschäftigung mit Sprache

Priorität des Mündlichen im Frühbeginn bedeutet nicht, dass jedes geschriebene Wort ängstlich vor den Schüler/innen versteckt wird: Sie kommen mit Aufschriften auf ihren T-Shirts und verlangen nach Übersetzung oder teilen dem Lehrer oder den Mitschülern selbst die deutsche Bedeutung mit. Sie schreiben nach Vorlage Grußtexte auf Weihnachts- oder Geburtstagskarten. Sie „lesen" Wörter auf Postern, die im Klassenraum hängen. Sie wissen bereits, dass Aussprache und Schreibweise nicht übereinstimmen. Es lässt sich beobachten, dass Schüler/innen mit mündlichen Vorkenntnissen eine hohe Motivation haben, sich mit der Lautschrift zu beschäftigen. Diese ist ein ganz wichtiges Instrument, damit die Schüler/innen eigenständig die Aussprache erarbeiten können. Der Lehrer hat dann auch die Möglichkeit, die Lesehausaufgabe um fremde Texte zu erweitern. Das ist ein Schritt in die Selbstständigkeit: die Ablösung vom Lehrer als hauptsächlichem Vermittler von Sprache.

Den Kindern macht es Spaß, sich mit der Lautschrift zu beschäftigen. Am Anfang sehen sie sie als Geheimschrift, die es zu entschlüsseln gilt.

## 5. Vorbereitung der Sprachbetrachtung

In Klasse 3/4 steht das gemeinsame Tun, die Handlung im Vordergrund. Dabei erfahren die Kinder, dass das Sprechen in englischer Sprache funktioniert, dass man etwas bewirken kann, indem man jemanden auffordert etwas zu tun, indem man sich an jemanden wendet, wenn man etwas haben möchte. Man kann also auch sagen, der Gebrauch der Sprache steht im Vordergrund (Sprachbenutzung). Mit dem Einsetzen des Lehrgangs in Klasse 5 wird dieser Gebrauch der Sprache nachrangig, einen höheren Stellenwert erhält die Betrachtung der Sprache:

Wörter und Strukturen werden aus dem situativen Zusammenhang gelöst, von der imitativen Benutzung eines Sprachmusters wird der Schüler zur Bewusstmachung der zugrunde liegenden Sprachregeln geführt. Da diese Sprachregeln eine wichtige Voraussetzung für den eigenständigen Spracherwerb sind, wird die imitative Benutzung im Frühbeginn häufig kritisiert. Dabei wird übersehen, dass

1) auch die Imitation zu zahlreichen Variationen anregt und hinführt:

*The ball is*   <u>under</u> the   <u>table</u>.
*The ball is*   <u>on</u>   the   <u>chair</u>.
*The ball is*   <u>in</u>   the   <u>box</u>.

und dass

2) gerade die fest verankerten Satzstrukturen aus Klasse 3/4 den Schülern eine wichtige Orientierungshilfe bei der Sprachbetrachtung bieten.

Beispiel: *to be*

Wie mühevoll ist es oftmals, das jeweilige Personalpronomen mit der entsprechenden Form von *to be* zu verbinden. Nach der Regel schließen sich zahlreiche Übungen mit zumeist geschlossener Aufgabenstellung an. Im Frühbeginn wurden diese Formen bereits häufig benutzt: *I'm a girl. She's my friend* usw., ohne sie bewusst zu machen. (Orientierung am Satzklang)

Nun kann der Lehrer, von dem vorhandenen Sprachmaterial ausgehend, gemeinsam mit den Schüler/innen die darin versteckte Regel finden. Offene Aufgabenstellungen werden bedeutend eher und sicherer bewältigt. Erst diese bereiten den Weg zur Steigerung der Fertigkeiten im freien Sprechen und Schreiben.

### 6. Entlastung des engen Zeitrahmens

Im Frühbeginn nehmen wir uns viel Zeit zum Hören, Nachsprechen, zum Üben in immer wieder anderen Zusammenhängen. Jedes Kind kann aus eigener Bereitschaft aus der Hör-/Verstehensphase in die Sprechphase eintreten. Es wird nicht durch das *lock-step*-Verfahren (Lehrer = Frage / Schüler = Antwort) dazu gedrängt.

In Klasse 5/6 stehen alle unter erheblichem Zeitdruck. Durch Richtlinien ist genau festgelegt, wieviel Englisch in den zwei Jahren vermittelt werden soll. Nach einem kurzen Vorlauf wird bewertet und eingeordnet: Tests, Klassenarbeiten, die über den Schulerfolg entscheiden. Zeit zum Sicheinhören und Vertrautwerden ist nicht eingeplant. Zeit für die Kommunikation, das „freie" Sprechen, bleibt kaum. Wir arbeiten uns, immer unter Zeitdruck, durch das Lehrwerk, um das festgelegte Pensum an Grammatik zu schaffen.

Da kommen Theaterbesuche, Ausgestaltung von Feiern, z.B. Halloween, Rollenspiele kaum vor. Aber durch die Vorbereitungsphase in Klasse 3/4, durch die Anbahnung von Kompetenzen, auf die wir dann in Klasse 5/6 zurückgreifen können, schaffen wir Raum für diese wichtigen Elemente.

Von Außenstehenden wird die zeitliche Entlastung häufig kritisiert, man favorisiert eher eine Straffung. So werden bereits in dieser Erprobungsphase Überlegungen angestellt, ob nicht durch den früheren Fremdsprachenbeginn der Abschluss des Lernfachs Englisch insgesamt vorverlegt werden kann. In diesem Zusammenhang machen Gespräche mit Kollegen von bilingualen Oberschulen nachdenklich, wenn sie die Vorzüge dieses Zweigs damit begründen, dass durch die Erweiterung der Studentafel in der Fremdsprache der Stoff nicht so gestrafft vermittelt werden muss. So könne der Unterricht durch Theateraufführungen, Projekte usw. interessanter gestaltet werden.

Gilt dies nicht auch für die Grundschule?

## 7. Förderung der Bereitschaft zum Lernen weiterer Sprachen

Gelegentlich wird Englisch bereits als *killer-language* bezeichnet, die andere Sprachen an den Rand drängt. Erfahrungen an Schulen mit dem Angebot des frühbeginnenden Englischunterrichts stellen das in Frage. So werden inzwischen immer häufiger Französisch- und/oder Spanisch-AGs und WUV-Kurse als zusätzliche Angebote eingerichtet. Und das nicht obwohl, sondern gerade weil die Schüler/innen am frühbeginnenden Englischunterricht teilgenommen haben. Sie haben eine positive Einstellung zur Fremdsprache entwickelt und sind motiviert, sich auf weitere Sprachen einzulassen.

Die Ursachen, warum dieser Motivation nicht genügend Rechnung getragen werden kann, liegen doch wohl eher in den Rahmenbedingungen für Schule allgemein.

Zum Schluss sei noch angemerkt:

Wir stehen hier in Berlin erst am Beginn eines für alle Beteiligten tragbaren Konzepts für den frühbeginnenden Fremdsprachenunterricht. Es ist zu wünschen, dass für diese Entwicklung genügend Zeit und auch genügend Mittel bereitgestellt werden, damit aus der Idee diesmal ein langlebiges Projekt werden kann.

### Literaturhinweise

Asheuer, Ursula (1999): *OK - let's go. Begegnungssprache Englisch: The Time of the Teddy Bears.* Handreichung für einen offenen Beginn. Berlin: Berliner Institut für Lehrerfort- und -weiterbildung und Schulentwicklung.

Bliesener, Ulrich / Edelenbos, Peter (Hrsg.) (1998): *Früher Fremdsprachenunterricht. Begründungen und Praxis.* Leipzig: Klett Grundschulverlag.

Fröhlich-Ward, Leonora / Waas, Ludwig / Hillen, Angelika / Stellwag, Hannelies (1993): *Kooky.* Berlin: Cornelsen.

Menzel-Trojahn, A. / Michailow-Drews, U. / Schultz-Steinbach, G. (1999): *Bumblebee.* Hannover: Schroedel.

Piepho, Hans-Eberhard (1993): *Pop Goes the Weasel.* Bochum: Schulbuchverlag Kamp.

Wunsch, Christian / Kellermann, Lieselotte (1997): *Fun & Action.* Leipzig: Klett Grundschulverlag.

**Anschriften der Autoren**

Baring, Maria, Grundschule am Windmühlenberg, Am Kinderdorf 23-27, 14089 Berlin

Bergfelder-Boos, Gabriele, Berliner Landesinstitut für Schule und Medien (LISUM), Alte Jakobstr. 12, 10969 Berlin

Decke-Cornill, Prof. Dr. Helene, Universität Hamburg, Fachbereich Erziehungswissenschaft, 20146 Hamburg, Von-Melle-Park 8

Gräfe-Bentzien, Dr. Sigrid, Berliner Landesinstitut für Schule und Medien (LISUM), Alte Jakobstr. 12, 10969 Berlin

Herbst, Catharina, Humboldt-Universität zu Berlin, Institut für Romanistik, Dorotheenstr. 65, 10099 Berlin

Heusinger, Dr. Renate, Universität Potsdam, Institut für Grundschulpädagogik, PF 601553, 14415 Potsdam

Krebs, Romie, Humboldt-Universität zu Berlin, Institut für Anglistik und Amerikanistik, Unter den Linden 6, 10099 Berlin

Maruniak, Dr. Sigrid, Humboldt-Universität zu Berlin, Institut für Romanistik, Dorotheenstr. 65, 10099 Berlin

Melde, Prof. Dr. Wilma, Humboldt-Universität zu Berlin, Institut für Romanistik, Dorotheenstr. 65, 10099 Berlin

Raddatz, Prof. Dr. Volker, Humboldt-Universität zu Berlin, Institut für Anglistik und Amerikanistik, Unter den Linden 6, 10099 Berlin

Schmidt, Karin, Franz-Marc-Grundschule, Treskowstr. 26-31, 13507 Berlin

Vogel, Gabriele, Berliner Landesinstitut für Schule und Medien (LISUM), Fremdsprachenmediothek, Levetzowstr. 1-2, 10555 Berlin

Wendt, Marei, John-F.-Kennedy-Oberschule, Teltower Damm 87-93, 14167 Berlin

## Kolloquium Fremdsprachenunterricht

Herausgegeben von Gerhard Bach, Volker Raddatz,
Michael Wendt und Wolfgang Zydatiß

Band 1 Volker Raddatz / Michael Wendt (Hrsg.): Textarbeit im Fremdsprachenunterricht – Schrift, Film, Video. Kolloquium zur Ehren von Bertolt Brandt (Verlag Dr. Kovač 1997).

Band 2 Gabriele Blell / Wilfried Gienow (Hrsg.): Interaktion mit Texten, Bildern, Multimedia im Fremdsprachenunterricht (Verlag Dr. Kovač 1998).

Band 3 Renate Fery / Volker Raddatz (Hrsg.): Lehrwerke und ihre Alternativen. 2000.

Band 4 Gisèle Holtzer / Michael Wendt (éds.): Didactique comparée des langues et études terminologiques. Interculturel – Stratégies – Conscience langagière. 2000.

Band 5 Gerhard Bach / Susanne Niemeier (Hrsg.): Bilingualer Unterricht. Grundlagen, Methoden, Praxis, Perspektiven. 2000.

Band 6 Michael Wendt (Hrsg.): Konstruktion statt Instruktion. Neue Zugänge zu Sprache und Kultur im Fremdsprachenunterricht. 2000.

Band 7 Dagmar Abendroth-Timmer / Stephan Breidbach (Hrsg.): Handlungsorientierung und Mehrsprachigkeit. Fremd- und mehrsprachliches Handeln in interkulturellen Kontexten. 2000.

Band 8 Wolfgang Zydatiß: Leistungsentwicklung und Sprachstandserhebungen im Englischunterricht. Methoden und Ergebnisse der Evaluierung eines Schulversuchs zur Begabtenförderung: Gymnasiale Regel- und Expressklassen im Vergleich. Unter Mitarbeit von Viola Vockrodt-Scholz. 2002.

Band 9 Wilma Melde / Volker Raddatz (Hrsg.): Innovationen im Fremdsprachenunterricht 1. Offene Formen und Frühbeginn. 2002.

Peter Lang · Europäischer Verlag der Wissenschaften

Udo O. H. Jung (Hrsg.)

# Praktische Handreichung für Fremdsprachenlehrer

**3., durchgesehene Auflage**

Frankfurt/M., Berlin, Bern, Bruxelles, New York, Oxford, Wien, 2001.
VIII, 456 S.
Bayreuther Beiträge zur Glottodidaktik.
Herausgegeben von Udo O. H. Jung. Bd. 2
ISBN 3-631-37843-2 · br. € 60.30*

Dies ist die dritte, durchgesehene Auflage der „Praktischen Handreichung". Der Sammelband mit seinen 77 Beiträgen hat die erklärte Absicht, das praktische Handwerkszeug von Fremdsprachenlehrern aller Schularten umfassend darzulegen. In fünf Kapiteln zeigen ausgewiesene Fachleute, was ein guter Fremdsprachenlehrer heute alles wissen und können muß. Die Einzelbeiträge sind so aufgebaut, daß der interessierte Leser seine Praxis auf ein sicheres Fundament stellen und bei Bedarf durch Verfolgung der aufgezeigten Verbindungslinien weiter absichern kann. Die umfangreichen Literaturangaben helfen, bestimmte Felder noch weiter zu erschließen.

*Aus dem Inhalt*: Grundsatzüberlegungen und Lernziele · Lehr- und Lernmittel · Fertigkeiten · Praktiken · Verfahren: Standard bis alternativ · Der Blick über den Zaun: Oder was wir voneinander lernen können · Lehrerfortbildung in Eigeninitiative · Sachindex

Frankfurt/M · Berlin · Bern · Bruxelles · New York · Oxford · Wien
Auslieferung: Verlag Peter Lang AG
Jupiterstr. 15, CH-3000 Bern 15
Telefax (004131) 9402131

*inklusive der in Deutschland gültigen Mehrwertsteuer
Preisänderungen vorbehalten
**Homepage http://www.peterlang.de**